Call na h-Iolaire

call na h·iolaire

tormod calum domhnallach

Air fhoillseachadh an Alba an 1978 le Acair Earranta, Cidhe Sràid Chrombhail, Steòrnabhagh.

Chaidh an leabhar seo a bharantachadh leis a' Chomunn Leabhraichean Gàidhlig, agus thug an Comunn sin cuideachadh do'n fhoillsichear airson an leabhar a chur an clò.

IBSN 0 86152 000 9

© 1978 Tormod Calum Domhnallach

Clò-bhuailte le Iain G. Eccles Earranta, Inbhir Nis, Alba

Fhuair an t-ùghdar móran cuideachaidh leis an leabhar seo, agus tha e airson taing a thoirt gu h-àraidh dha na leanas:

An fheadhainn a dh'innis mu chall na h-*Iolaire*, gu sonraichte iadsan a thàinig beò aisde.

Fred MacAmhlaidh anns a' Bh.B.C. airson cead feum a dhèanamh de'n phrógram air call na h-*Iolaire* a rinn e ann an 1959, agus de phrógraman eile.

Mórag NicLeòid, airson cuideachadh gu h-ealanta leis a' chlò-cheartachadh.

An Comunn Leabhraichean Gàidhlig, a thug barantas do'n ùghdar mus do thòisich e ri sgrìobhadh an leabhair.

Do Mhnathan Leódhais

An Iolair' *cha do ràinig i*
'S ràn-bàis aic air do ghruaig.

Aonghas Caimbeul
(*Am Bocsair*)

1 aig a' chaol

Chan eil e furasd smaoineachadh air call ann an àite sam bith nas duilghe na call na h-*Iolaire* air madainn na Bliadhn' Uire, 1919. Nach deach 181 a sheòladairean a bhàthadh ann am fianuis an eilein aca fhéin ann an ùine glé ghoirid? Thàinig iad sàbhailte troimh Chogadh Mór a' Cheusair — an cogadh a bha air timcheall air 800 Leòdhasach a mharbhadh mar-tha — agus bha iad ri tighinn dhachaidh. Cha robh iad leth-mhìle bho chidhe Steòrnabhaigh nuair a chaidh am bàta a bha ghan toirt as a' Chaol air na creagan, ann an àite cho dona 's a ghabhadh beachdachadh air — Biastan Thuilm.

Thàinig am bàta ris an canar an *Iolaire* a Steòrnabhagh anns an Dàmhair 1918 air seirbhis na Néibhi. Is e an *Iolaire* a bh'air a bhàta a bh'aig a' Néibhi a mach a Steòrnabhagh fad a' Chogaidh agus thug iad an aon ainm air an té a thàinig 'na h-àite. Ach is e an t-ainm ceart aice an t-*Amalthaea*, agus cha robh i ach beagan is leth meud na ceud té. Cha robh innte ach 204 tonna de chuideam.

Bhitheadh fireannaich Leòdhais a riamh ri fàgail an eilein: a' dol a sheòladh no dh'iasgach; no air imrich gu tìr eile; no a shabaisd ann an cogadh air choireigin. Bha 6,200 Leòdhasach ann an Cogadh a' Cheusair, agus sin a mach a àireamh sluaigh nach robh na b'àirde na 30,000. Chaidh mu 800 a chall eadar 1914 agus an t-Samhuinn 1918. A mach as an 6,200 bha an dàrna leth — 3,100 — air seirbhis ann an Researbh na Néibhi, na h-RNRs mar a chante riutha. 'Se feadhainn dhe na balaich seo ris an robh dùil air a' Bhliadhn' Uir a bha siud.

Cha robh fios aig duine — mura robh aig a' Néibhi shìos ann an Sasuinn — cia mheud seòladair a bha tighinn dhachaidh air fòrladh airson na Bliadhn' Uire. Bha fios aig mnathan Leòdhais gu robh gu leòr a bhalaich ri tighinn timcheall air an àm, agus bha iad ri dèanamh deiseil air an coinneamh. Bha fios aig muinntir na Néibhi ann an Steòrnabhagh gu ruigeadh dhà no trì cheudan RNRs Leòdhais an Caol air an latha mu dheireadh — ach cha robh cinnt ac idir air an àireamh cheart. Agus airson *ainmean* an fheadhainn a bha tighinn — cha robh guth air a leithid seo. Bha fios gu robh gu leòr a' tighinn, co-dhiù, agus chuir Admiral Boyle an *Iolaire* tarsainn air an latha mu dheireadh de 1918 airson an toirt gu Steòrnabhagh.

Ràinig an *Iolaire* an Caol aig ceithir uairean feasgar. Thug i brag mhath air a' chidhe nuair a thàinig i steach ris ach cha do rinn seo càil oirre, thathar ag ràdh. Bha a' *Sheila* ann a sin roimhpe, aig taobh eile a' chidhe.

Cha robh air bòrd na h-*Iolaire* ach 24 de chriutha; bha faisg air a leth air fòrladh airson na Nollaig. 'Se an Comanndair Mason an Sgiobair aice, Lieut. Cotter a' Cheud Oifigeir agus Sub. Lieut. Rankin am Prìomh Einnseanair.

"... *dha'n Mhailisidh no an Researbh* ..."   *Tasdan an Rìgh*

'Se an Comanndair Walsh a bha os cionn gnothaichean Aiseag na Néibhi anns a' Chaol — agus cha robh e fhéin buileach cinnteach cia mheud seòladair a bhitheadh ri 'g iarraidh tarsainn air feasgar na Bliadhn' Uire.

Tràth air an fheasgar, chaidh fios a chur thuige gu robh trì trèinichean ri tighinn le seòladairean dha'n Chaol agus gum bitheadh iad fadalach. Thàinig a rithist teileagram thuige aig 4.20 feasgar ag ràdh gun do dh'fhàg 530 RNRs Inbhirnis aig 11.40 'sa mhadainn.

Dh'aithnich an Comanndair nach bitheadh rùm anp airson na bha seo idir, agus gun ac ach an *Iolaire* agus beagan de dh'iomall air an t-*Sheila*. Chuir e Lieut. Hicks sìos chun na *Sheila* a dh'fhaighneachd cia mheud duine a ghabhadh ise; agus chaidh e fhéin gu oifis Mhic a' Bhriuthainn gus am faigheadh e mach an robh sùil ri bàta sam bith a bhith dol seachad air a' Chaol a b'urrainn dhaibh a stad, airson na bha bharrachd de dhaoine a chur air bòrd.

Chan eil fios againn le cinnt ciamar a fhuair e air adhart aig oifis Mhic a' Bhriuthainn, ach faodaidh sinn a bhith smaoineachadh nach robh gin a shoithichean ann a thigeadh a steach dha'n Chaol a thogail dhaoine a

A' Sheila *aig cidhe a' Chaoil*

bha air an t-slighe gu Steòrnabhagh, oir cha robh an còrr m'a dheidhinn.

Chaidh Walsh sìos chun a' chidhe an uairsin agus chunnaic e Hicks agus sgiobair na h-*Iolaire*, an Comanndair Mason. Thubhairt Hicks ris nach robh fios fhathast cia mheud seòladair a ghabhadh a' *Sheila* agus nach bitheadh cinnt aca gus am faiceadh iad cia mheud pasainsear eile bhitheadh ann. Bha 22 de sheòladairean nach d'fhuair rùm an oidhche roimhe air a dhol air bòrd mar-tha, gus am bitheadh iadsan cinnteach air faighinn dhachaidh an oidhche sin.

Dh'fhaighnich Walsh do sgiobair na h-*Iolaire*:

"An dùil am b'urrain dhuit trì cheud duine thoirt leat?"

"B'urrainn, furasd gu leòr," fhreagair Mason.

Bhruidhinn iad an uairsin air bàtaichean-teasairginn is criosan agus gu dé seòrs oidhche a bha gu bhith ann . . .

Thill Walsh chun a' stèisean agus dùil aige ris an trèine. Bha e cuideachd airson *hut* an *Red Cross* a dhèanamh deiseil do dhuine sam bith nach fhaigheadh dhachaidh an oidhch' ud fhéin.

Thàinig a' cheud trèine steach aig 6.15 feasgar agus chaidh na seòladairean a thàinig aisde a chur an streath a chéile air a' *phlatform*.

Chaidh balaich Steòrnabhaigh a chur air leth bho'n fheadhainn a bha dol a dh'àiteachan eile — na Hearadh, an t-Eilean Sgiathanach agus eile. (Ach chaidh cuid de bhalaich na Hearadh a measg muinntir Leòdhais — nach deach seachdnar ac a bhàthadh.)

Chaidh cunntas a dhèanamh air buidheann Steòrnabhaigh agus bha 190 ann. Chaidh an cunntadh a rithist nuair a bha iad ri dol air bòrd — agus chaidh 190 a chunntadh air bòrd na h-*Iolaire*. Cha deach ainmean a ghabhail idir.

Thubhairt Hicks ri balaich na Hearadh a dhol a null a *hut* an *Red Cross*, nach fhaigheadh iad bàta gu latharna-mhàireach. Ach mar tha fios againn, bha cuid ac air a dhol a measg balaich Leòdhais . . .

Thàinig an dàrna trèine steach aig seachd uairean agus chaidh an aon rud a dhèanamh a thaobh cunntais. Bha 130 ann ri lorg an aiseig a Steòrnabhagh; dìreach mus deach iad sin a chur air bòrd na h-*Iolaire*, thàinig fios gun gabhadh a' *Sheila* 60; chuireadh an 60 a b'fhaisge air bòrd na *Sheila* anns a' bhad, agus an 70 eile air bòrd na h-*Iolaire*.

Sin mar a shàbhail feadhainn an oidhch' ud — bha e a réir càit an robh iad 'nan seasamh air cidhe a' Chaoil . . .

Dh'fhàg seo 260 de sheòladairean an RNR air bòrd na h-*Iolaire* a thuilleadh air 24 de chriutha.

Thàinig a nise fios gu Walsh nach robh an còrr ri tighinn, agus chaidh esan sìos chun a' chidhe. Chunnaic e Mason air an deic àrd agus dh'fhaighnich e dha dé bha ghlainne dèanamh.

"Tha ghlainne ri 'g éirigh," ars Mason. "Agus tha coltas gum bi oidhche mhath againn."

"Dé'n t-astar a tha sibh a' dèanamh?"

"Deich mìle-mara."

"Bliadhna Mhath Ur dhuibh."

Sheòl an *Iolaire*.

". . . cha robh sgial agam air Calum . . ."

2 mar a thachair dhuinn

Bha an oidhche gruamach, co-dhiù, ach tha e glé dhuilich dhomh-sa tòiseachadh dol a dh'innse nì mu thimcheall. Bha rud cho duilich is feagal orm duine sam bith a ghortachadh timcheall air an rud; bhith 'g ùrachadh nì chaidh seachad, air dòigh, ged nach deach e seachad do chuid. Mar a thachair, mar a tha fhios aig a h-uile duine anns an eachdraidh, bha an oidhche rudeigin fiadhaich.

Bha brìos mór air a' ghaoith, ach mar a b'fhaisg' a bha sinn a' dol a thighinn do Steòrnabhagh, bha i fàs na bu mhiosa. Ach 'air a ràinig sinn cùl an t-soluis bha i an ìre mhath dona, ach bha i clìor gu leòr, ach dorch agus bùrn mór — ach brìos mór air a' ghaoith. Thàinig sinn a steach math gu leòr gu'n do ràinig sinn faisg air cùl an t-soluis.

Bha an solus furasda gu leòr fhaicinn 'air a thàinig sinn a steach, ach bha sinn ro fhada gu Tuath. Tha mi cinnteach ann gu robh. Bhoill, cha robh an cùrs ceart a réir a' chombaist a bha anns a' *stand* a bh'air an deic a bha mise coimhead ann; bha puing gu Tuath aige a bharrachd air na bu chòir dha a bhith.

Bha a' chùis a' dol ceart gu leòr cho fad 's a chitheadh sinne gus an robh sinn a' tighinn a nuas leitheach a' Mhinch — 'sann a chuir mis' co-dhiù càil a dh'umhaill nach robh an t-soitheach a' cumail a' chùrs a b'àbhaist dhomh bhith tighinn eadar an Caol agus Steòrnabhagh. Agus le sin an uair a sheallainn a mach airson soluis, bha mi faicinn gu robh solus na Mileid a' bearaigeadh oirnn air deireadh na soithich, an àite dha'n t-soitheach a bhith tighinn gu Steòrnabhagh agus solus Steòrnabhaigh a bhith gar seòladh ann; 's bha i dol mar sin a h-uile ceum, agus mar a bha i tighinn a nuas 'sann a' dol na b'fhaise do fearann a' Rubha bha i, far nach bu chòir dhi bhith dol idir; cho fada an Ear ri fearann a' Rubha 's gur ann gu eilean ris an can sinn, agus air a bheil sinn eòlach — Eilean nan Uan — 'sann a thàinig sinn. 'S nuair a chunnacas gu robh an t-soitheach cho fada ri sin bho a cùrs, thàinig e nuas ri fearann a' Rubha, agus ro fhaisg a stigh dha'n fhearann sin, air dhòigh is nach robh i os cionn a' chunnairt.

Cha robh sinne fo rùm idir. Cha robh, agus cha robh guth againn air càil. Bha sin a' minigeadh gu robh am bàta dol mar bu chòir dhi, agus cha robh guth againn air dé bha dol a thachairt dhuinn. Bha feadhainn ann a bha sinn a' smaoineachadh a b'fheàrr air an rathad a dhèanamh na dhèanadh sinne a mach a' tighinn chun na h-acarsaid.

Bha gaoth mhór — Deas an Iar-dheas chanainn-sa bh'ann — a' tighinn tarsainn. Bha i dìreach air a' *phort quarter*. Ach bha an t-soitheach ud a' dèanamh oidhche mhath dheth an déidh sin, agus sinne cho dòigheil innt 's a ghabhadh.

Chan fhaca mi duine le càil a nàdur deoch bho chaidh mi innt gu'n tàinig mi aisd. Daoine cho gasd ag iarraidh oirnn sinn fhìn a dhèanamh cho comhfhurtail 's a b'urrainn dhuinn. Soitheach glan is sinn 'nar sìneadh innt ann an àit sam bith; stigh anns na *saloons* 's air an làr 's air séirichean 's anns a h-uile h-àit.

Bha an oidhche cho dorch ris an teàrr is flion bog sneachd. O, 'se droch oidhche a thàinig, 'se droch oidhche a bh'ann.

Cha robh sinn a' faireachdainn gu robh an oidhche fiadhaich, ged a bha i fiadhaich, bho'n a bha comhfhurtachd cho mór; an t-soitheach cho math bho'n a h-uile seulladh; bha cothrom againn air a feadh ann an àit sam bith, anns a' *first* agus *second class*.

Bha mi anns a' staidhre a bha dol sìos gu àit nan oifigeirean. Sin far an robh móran dhe'n an t-sluagh againn — a h-uile duine a gheibheadh àit ann, ann am fasgadh math is ann am blàths math.

Bha mi 'na mo sheasamh aig a' gheilidh, agus bha dùil agam-sa gu robh An Tiger còmhla rium — agus chuir fear a mhuinntir nan Loch "Bliadhna Mhath Ur dhuibh" agus chuir sinne air ais i. Agus thubhairt fear nan Loch, "Nach e tha dol faisg leatha" — is thubhairt An Tiger "'S mathaid gur e *entrance* ùr a th'aca air a dhèanamh bho thàinig sinne seo." Cha robh an còrr ann air a ràdh.

Thubhairt mi nise ri Calum, "Tha sinn gu bhith steach"; agus chuir sinn umainn oillisgin is bha sinn 'nar suidhe shuas anns an toiseach, deiseil airson stepeadh aisd. Agus thionndaidh mi ris agus "O", ars mise, "Chaluim" (bhithinn a' spòrs an còmhnaidh ris), "tha sinn gu bhith air a' chladach ann a seo!" "Ach," ars esan, "'sann a tha thusa mhuinntir na Hearadh." Bhitheadh e spòrs an còmhnaidh rium.

Cha robh guth againn air càil nuair a thug am bàta straon suas air an sgeir.

Gu na dh'fhairich sinn an t-*slide* — 'sann a shamhlaich mis' e ri nuair a bha mi 'na mo bhalach 's a dh'fhalbhainn air deigh.

Bha dùil againn an toiseach gur e *mine* a bhuail i; ach dh'aithnich sinn mar a thuit i, air a cliathaich, mar gum bitheadh i air mol tioram — dh'aithnich sinn gur e bualadh ann an sgeir a rinn i.

List i an uairsin. Bha i cho cas, bha i air angal cas.

O, cha b'urrainn dhuinn seasamh idir, cha b'urrainn. Thàrr i i fhéin suas air a' chreig agus thiormaich i i fhéin, agus cho luath 's a chaill ise *buoyancy* chaidh i air a cliathaich anns a' spot agus thuit móran de rudan a mach aisde.

Agus anns a' spot 's a bhuail i chaidh i air a cliathaich — gu *starboard*. Agus a' chuid bu mhotha bha còmhla rium-sa ann a sin, air an deic an uairsin, leum iad a mach air a' mhuir. Tha mi creidsinn gu robh dùil aca gu robh i dol seachad.

Ach dh'fhaighnich mi do dh'fhear ann a sin an robh beachd aige càit an robh sinn 's thubhairt e gu robh glé mhath — gur ann air Biastan Thuilm a bha sinn.

Thubhairt mise rium fhìn an uairsin, "Tha sinn air a' chreig. 'Sann air na creagan a tha sinn a réisd agus tha teans mhath againn faighinn dhith." 'S fhuair mi saorsainn mhór an uairsin. Bha mi ag ràdh rium fhìn nach briseadh i, seach gu robh i air na creagan. Bha sinn faisg; cha bhriseadh i'n àirde, co-dhiù gu latha. Cha robh sin glé fhada gu'n robh e air a mhealladh orm-sa.

Chanainn gun tug i cairteal na h-uaireach mar sin. Air mo shon-sa dheth, cha robh càil a dh'fhios agam càit an robh i, gus na thachair dhomh dhol suas chun an toiseach agus gu'n deach rocaid a chur an àirde. Agus chunnaic mi am Beacon 's bha mi eòlach gu leòr air a' Bheacon; 's dh'aithnich mi gur e Biastan Thuilm a bh'ann 's bha fios agam le sin nach robh an tìr fad as ged a bha i doirbh agus an fhairge dona. 'S chunnaic mi tìr an uairsin.

Chaidh i ceart agus thòisich an deireadh aic a' swingeadh a steach. 'Se an toiseach aic a bh'air a' chreig, 's thòisich an deireadh aic a' swingeadh a steach. Ann an ceann ùine ghabh i steach air a cliathaich ann a sin gus na theann i a' gabhail dhi fhéin mu na creagan.

Nuair a bhuail i ann a sin, bha an oidhche fàs gu math dona 's gaoth a' fas cho mór, 's bha na tonnan a' tighinn bho deireadh 's bho toiseach. 'S nuair a bhuail i air a' chreig, chanadh tu dìreach gu robh ar mionach a' dol mu ar claigeann: a h-uile cnàimh a bha 'na do chorp, bha i gha chriothnachadh.

Thòisich an ùpraid an uairsin 's tha móran de nithean ann a sin nach urrainn duine sam bith a chuimhneachadh gu h-iomlan cionnas a bha e, 's bha an oidhche cho doirbh agus cho dorch agus nach fhaiceadh duine nì sam bith. Bha h-uile duine a' feuchainn an nì a b'fhearr a b'urrainn 's a b'aithne dha agus chan eil fhios againne dé mar a thachair; bha Freasdal an cùl an nì dha na shàbhail, co-dhiù.

Cha robh mise càil ach air leadaigeadh an àirde — cha robh mi air faighinn chun a' deic àrd 'air a bhuail ise, agus bha iad 'nan sìneadh ann a sin air an deic àrd mar a b'urrainn dhaibh a bhith, cho faisg air a chéile is a ghabhadh e, muin air muin, 'nan cnap 'nan cadal. Agus 'air a bhual ise, bha an dorus a bha romhainn a' leadaigeadh a mach, bha e air jamaigeadh, agus am balach a bha — chuir e a ghualainn ris, agus dh'fhosgail an dorus, agus fhuair mise an uairsin a mach chun an deic àrd. Agus na bha 'nan cadal timcheall is a dhùisg, fhuair iad a mach; 's a' chuid nach do dhùisg tha mi a' creids gun d'fhuirich iad ann a sin fhéin.

Miann na mara

Sràid Chrombhail roimh'n Chogadh Mhór

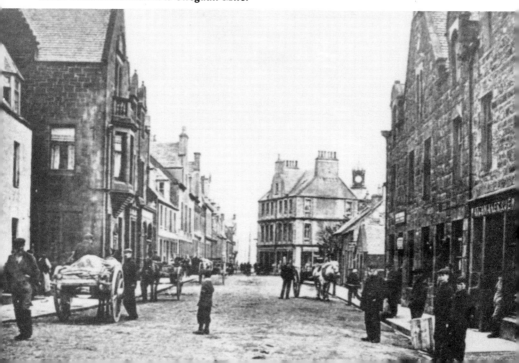

Chaidh a h-uile càil a bh'ann bun-os-cionn is cha robh càil ach a h-uile duine dèanamh air a shon fhéin. Sheall mi air gach taobh dhiom agus cha robh sgial agam air Calum agus rinn mi suas — cha do ràinig mi an drochaid idir ach bha *lifebelt* ann a sin. Thug mi leam e 's bha e agam. Thòisich na geòlaichean ghan lowerigeadh agus thòisich an fhairge gham briseadh — na geòlaichean — ri taobh. Thòisich iad a' tighinn as na h-eathraichean.

Chaidh sinn an àirde chun na drochaid. Bha iad ann a sin, làn romhainn — na ghabhadh an drochaid, agus an sgiobair, bha e ann. Bha iad a' dol, ag obair an uair ud le *Verey lights* ghan cur an àirde. Thòisich sinn an uairsin a' coimhead an fheadhainn a thòisich a' launchadh nan eathraichean; thòisich na h-eathraichean a' briseadh air a' *phort side*. Bha leithid dol innt, agus thòisich sinn an uairsin a' cur sìos ròpan as an t-soitheach fhéin; agus na daoine sin a bha anns a' mhuir, bha iad a' greimeachadh air an ròp, 's bha a' chuid bu mhotha aca a' tighinn an àirde air ais.

Agus nuair a thug mi sùil bha fear ann a sin is e ag eubhach agus cha robh sgial agam air a' bheag an uairsin ach am fear sin. "Seo", arsa mise, "siud". Thilg mi *lifebelt* bhuam is chuir mi dhiom na b'urrainn mi agus sheas mi air an rèile is bha mi a' faicinn a' chladaich ceart gu leòr, am muir a' briseadh. Bha mi smaoineachadh gum buannaichinn co-dhiù gu tìr — ach cha dèanainn móran an taca ri feadhainn eile. Bha snàmh agam gun teagamh — agus leig mi mi fhìn a mach an uairsin. Agus chum mi chun a' chladaich agus b'fheudar dhomh tilleadh air falbh. Bha am muir gha mo shadadh — cha robh mi faighinn greim no càil. Thill mi air falbh 's chuir mi m'aghaidh sìos seachad agus nuair a ràinig mi an cladach bha mi ann a sin *stuck*.

Rinn mise airson a dhol sìos an dàrna ceann dhe'n an *alley-way* a bha seo 's bha uiread ann de dhaoine 's chan fhaigheadh tu tromhpa 's dh'fhairich mi am bùrn ag éirigh; 's cha do rinn mi càil ach leum a mach air a cliathaich. Leum mi mach, mo chòta-mór orm 's a h-uile càil — còta rubair a bh'orm — 's bha mi greiseag ann a sin 's chunnaic mi nach robh i dol; 's thill mi rithist. Rinn i uiread a heavaigeadh 's gu robh e furasd gu leòr dhomh greim fhaighinn oirre. Thill mi air ais air bòrd a rithist. Bha eagal orm roimh'n chladach. Bha eagal orm gu faodadh e bhith dona.

Thòisich a h-uile duine a' dèanamh air a shon fhéin agus chaidh sinne an uairsin dha na *riggings* — bha *double riggings* innt; is bha feadhainn a' dol cho àrd 's a b'urrainn dhaibh ach b'fheudar dha'n a h-uile duine againn a thighinn a nuas.
B'fheudar dhuinn — cha b'urrainn dhuinn greim a chumail air sgàth a' *swing* a bh'aig na cruinn aic. Nis, na cruinn chaol ud, tha iad cho caol is gu saoileadh tu gur e stìl a tha annt. Tha mi a' creidsinn gur h-e stìl a tha 'nam broinn cuideachd.

Nuair a thàinig am bàta gu bhith rudeigin còmhnard, chrom sinne nuas as a' chrann agus bha iad an uairsin air dà eathar a chur a mach air an taobh leis. Bha an té a bh'air taobh an toisich na bu mhotha na'n té bh'air taobh an deiridh, agus bha na daoine a' leum innt an uairsin as an té chun an deach mise — an té thoisich — agus O, cha robh fios agam dé a dhèanainn. Bha greim agam air stagh agus rinn mi fhéin airson leum innt; ach mar a bha mi faicinn a' chùis, bha na daoine leum agus cha robh mothachadh aca dé bha dol a thachairt — gu faodadh i dhol thairis no fiù a dhol fodha. Gu fàbharrach thubhairt mi rium fhéin, 's fheàrr dhomh fuireach far a bheil mi na dhol dha'n an t-soitheach sin.

Cha robh deireadh an ath-cheartais ann nuair a thàinig dà thonn mhór bho'n toiseach 's bho'n deireadh; 's nuair a bhuail iad am bàta sin a bh'air toiseach chuir i car, agus chan eil mi smaoineachadh gun tàinig sgamhan beò as a' bhàta bh'ann a sin. A rithist, an té bh'air an deireadh, chaidh a briseadh — thàinig toll orr — agus an fheadhainn a bha 'san té sin fhuair a' chuid mhór aca air ais a rithist air bòrd.

Chaidh na h-eathraichean a lìonadh, an dà eathar, agus nuair a thionndaidh an t-soitheach — 'air a dh'fhalbh i bho'n a' sgeir agus a thàinig i *head-on* chun na gaoithe — chaidh an dà eathar sin a lìonadh làn mara 's cha do sheas iad ris a' mhuir. Chaidh a h-uile duine a bha 'sna h-eathraichean sin, cho fad 's a b'aithne dhomh-sa, a bhàthadh, mura deach duine no dithis.

Chaidh eathar beag a lowerigeadh an toiseach aig ceann shìos a' *phoop deck* agus chaidh mi dha'n an té sin, agus bha sianar againn innt. Co-dhiù, swampaig am muir i agus dh'fhalbh a h-uile duine aca aisde, agus thàinig mi an uairsin a rithist chun an t-soitheach agus fhuair mi greim air an ròp, air an *save-line* a bha shìos aig ceann na *davit*. Agus dh'fheuch mi làmh air làimh an àirde ri taobh an t-soithich agus bha e a' dèanamh cuideachadh mór dhomh 'air a thilgeadh am muir chun a' *starboard* i. Bha mise an uairsin, bha am muir gha mo thogail, thaobh seach gu robh mi a' feuchainn ri mi fhéin easaigeadh air an ròp an àirde, agus bha mi faighinn an àirde; ach mu dheireadh is mu dheòidh 'sann a thàinig an cuideam air an dàrna cas agus cha robh fios agam dé an cuideam a bh'ann.

Ach aig an àm, bha rocaid a' falbh agus chunnaic mi an uairsin dà rud dhubh shìos anns a' mhuir, agus dh'aithnich mi an uairsin gur e daoine a bha ceangailte rium. Dh'fheuch mi an uairsin leis a' bhròg eile; dh'fheuch mi ri'n clìoraigeadh agus fhuair mi a' cheud fhear air a chlìoraigeadh agus fhuair mi'n uairsin faochadh. Ach bha *struggle* eagalach agam ris an dàrna fear, 's cha bu ghann strugglaigeadh, agus bha ròp mu dheireadh — bha mi ga fhaireachdainn mar gum bitheadh e falbh troimh na làmhan agam, agus dh'fheuch mi an uairsin a h-uile càil a b'urrainn dhomh agus fhuair mi air a chlìoraigeadh. Fhuair mi an uairsin an àirde bìdeag eile rithist gu na rug fear air bhroilleach orm, agus thubhairt esan rium mo ghreim a leigeil as air an ròp. Ach cha robh mi deònach air an ròp a leigeil as. Rug an ath fhear orm agus thug iad a steach mi air taobh shuas na *davit*.

Sheall mise mach air a' *phort side* an uairsin agus bha mi smaoineachadh nach fhaigheadh sinn cobhair sam bith bho'n taobh sin. Chunnaic mi *Sheila* dol a steach an loch. Thill mi is ghabh mi sìos air a' *starboard* a

rithist agus bha eathar ann a sin air a lowerigeadh. Bha na blocaichean
fhathast an sàs anns an eathar. Bha duine aig deireadh an eathair agus
bha stais air — bha mise rudeigin òg an uairsin agus chanainn bho bha
sin air gur e bodach a bh'ann — agus dh'fhaighnich mi dha'n duine: "An
téid sinn innt?"
"Cha téid," ars esan. Nuair a chuir mise mo chùl ris an eathar cha robh i
fada gus an robh i sìos. Agus ghabh mi sìos dha'n deireadh agus dh'eubh
Aonghas Moireasdan a Borgh rium: "Cuir dhiot do chòt, Iain." 'Sann dà
latha mus do dh'fhàg sinn Chatham a fhuair mi an còt is bha leisg orm a
chur dhiom. Agus bha feadhainn, an uair a chaidh mise gu bial a' bhata,
bha feadhainn aca ri leum a mach. Agus cha robh càil a b'fheàrr a
chitheadh sibhse an uairsin na aodach dubh a' Néibhi anns a' mhuir, ma
bha am muir air breith orr. Chunnaic mi aon duine 's dh'fhàg am muir
trì uairean e 's thug e leis mu dheireadh e — sìos taobh a' *phropeller*.
Bha mi smaoineachadh a riamh gu robh seo a' milleadh misneachd an
fheadhainn a bha air bòrd, gu robh iad a' faicinn am meitichean gha
sguabadh air falbh.

Bha mise nis an uairsin aig an drochaid shuas 's bha iad a' lowerigeadh
an eathair a bha seo. Nise 'air a bha iad fèir gu bhith aig *level* na mara
leatha, dh'fhidir mise leis an *excitement* 's a h-uile càil a bh'ann 'air a
chaidh sinn dha'n eathar, ach 'air a bha e ro fhadalach a nise —
dh'aithnich sinn nach robh an t-eathar a' dol a sheasamh. Bha mise nise
's mi fèir shuas aig an *after fall*, agus bha mi gun leigeil as, bha greim
agam air an ròp; agus dh'fhidir mi chliath a' tighinn 's cha do rinn mi
càil ach swingeadh air fhìn suas, agus leig mi mo chuideam air an ròp; 's
dh'fhalbh a' chliath leatha 's chuir i 'na sgealban ris a' chliathaich i — 's
cha do shàbhail duine ach gun cuala mise fear a bh'aig a' *forward fall*,
gun shàbhail esan cuideachd. Ach fhuair mise suas air deic air ais làmh
air làimh air na *falls*, 's thubhairt mi 'air a fhuair mi innt — nach
caraichinns nis aisd gus an deidheadh i sìos fo mo chasan airson gun
d'fhuair mi mo bheatha as an eathar.

As deidh dha'n an t-soitheach a thighinn *alongside* ris a' chladach,
'sann a chaidh mis' agus balach eile a bhuineadh dha'n a' bhail' againn
fhìn — chaidh sinn dha'n eathar-sa; bha i làn mara — té dhe na
lifeboats — 's leig sinn as i.
Bha i ceangailte ris an t-soitheach, 's leig sinn as am peantair aic
airson gu faigheadh sinn air tìr agus gu faigheadh sinn an àirde air na
creagan. Cha b'e creagan uamhasach àrd a bh'ann, agus nuair a ràinig
an t-eathar a steach 'sann a stad i air an sgeir agus dh'eubh am balach
eile rium gu robh i air grunndachadh. Chaidh mise sìos an uairsin chun
an deireadh aic agus dh'fheuch mi fhìn a mach. Agus thàinig suala mhór
agus dh'fhalbh i leis an dithis againn chun a' chladaich. Thug an dàrna
tonn air ais mi a mach chun an eathair agus thug e am balach eile clìor
as an eathar. Agus bha e a' snàmh ann a sin gu'n deach a shlaodadh air
bòrd dha'n t-soitheach — ach bha e *exhausted* ann a sin agus chaidh e
sìos leis an t-soitheach. Chuir cuideigin thugam-sa ròp dha'n eathar —
thilg e ròp thugam — agus cheangail e ròp ann a sin. Chaidh mi làmh
air làimh air ais dha'n t-soitheach.

Bha daoine 'nam breislich 's cha robh ìongnadh sam bith ged a bhitheadh — feadhainn aca ann a sin a bha 'nan cadal nuair a thachair an gnothaich a bha seo. Thàinig e cho aithghearr orra agus cha robh iongnadh ann ged a bhitheadh iad mar sin cuideachd.

Bha tòrr dhiubh gu h-ìosal nach robh an déidh thighinn a nuas nuair a thachair an rud — ach cha robh tòrr boil ann. Bha boil gu leòr ann. Cha robh càil ach ag eubhach siud 's ag eubhach seo, 's a h-uile duine ag eubhach, agus cha robh cobhair sam bith air an son. Cha robh cobhair sam bith air an son.

Nam b'e feadh an latha bhitheadh ann a siud tha mi cinnteach as gu robh *panic* eagalach innt. Ach cha robh daoine faicinn cho uamhasach is a bha an cunnart a bh'ann a siud gu'n robh iad a' dol ann; agus 'air a bha iad a' dol ann bha iad an uairsin tuilleadh is anmoch — airson ciod a dhèanadh iad ma bha iad ghan call fhéin? Ach 'sann a bha e iongantach cho beag — ach 'se 'n dorchadas, 'se 'n dorchadas. Ach bha nise 'n fhairge 'na cùis uamhais agus cha chluinneadh sibh facal, cha chluinneadh sibh facal, cha chluinneadh. Ach bha a h-uile duine falbh 's cha robh fios agad càit an robh iad a' dol, ach bha iad air a' *mhove*, bha iad air a' *mhove* gun stad.

Bhoill, cha robh dad de dh'ùpraid ann ach rud a bhitheadh nàdurrach gu leòr. A h-uile duine coimhead a mach air a shon fhéin is airson chàich — airson rud sam bith a b'fheàrr b'urrainn dhaibh a dhèanamh.

Chaidh a h-uile duine air bòrd air bhoil dìreach, 's cha robh sin 'na iongantas.

O bha, 's abair boil. Chaidh an t-àite cho dorch 's chan fhaiceadh sibh càil ach muir geal — 's bha marcach-sìne uamhasach a' tighinn tarsainn oirr 's cha mhór gum b'urrainn dha duine a shùil fhosgladh. 'Sann a bha ghaoth a' dol na bu mhò a h-uile car 's bha mu dheireadh mo dhìol agam-sa bhith beò innt leis na bha tighinn oirr de mhuir mus do dh'fhalbh i idir.

Cha robh. Cha robh breislich air bòrd idir. Bha a h-uile duine a' coimhead a' suidheachadh a bh'ann — nach tigeadh comhfhurtachd thuca bho'n an taobh thall, 's mura dèanadh iad air an ròp . . . Bhoill, bha corra dhuine ann a bha ri 'g eubhach 's ri còmhradh mar sin; ach a' chuid mhór a bh'ann, cha robh càil ach dìreach bruidhinn ri chéile — an rud a thachair, gum bu duilich mar a thachair agus an oidhche a bh'ann cho fiadhaich is cho uamhasach dorch.

Cha robh uamhas ann an toiseach idir. Cha shaoileadh tu càil dhe na bha a bhoillsgeil air bòrd an uair a bhuail i ach mar a bha iad a' tighinn a mach gu deic àrd — co-dhiù mus do dh'fhàg mise an t-soitheach — bha na *riggings* aice mar iseanan ann an craoibh, cho àrd is a gheibheadh

Far na thachair an call

duine anns a' chrann; mus do dh'fhag mise an t-soitheach, bha iad anns a' chrann, an àirde anns na *riggings* aic.

Chan fhaca mise duine dhe na h-oifigeirean fad na h-ùine a bha sin ach an Caiptean a mhàin, ach chaidh mi chun na drochaid far an robh e, agus dh'fhaighnich mi dheth am bitheadh e cho math is ìnnse dhomh an ann a' tràghadh no 'n ann a' lìonadh a bha i. Bha mi faighneachd airson, nam b'ann a' tràghadh a bha i air a bhith agus gu robh an soitheach air fuireach leis a' list a steach innt — bha i air tràghadh 's bha againn air ar beatha a shàbhaladh. Nam bitheadh am muir a' falbh 's gum bitheadh an soitheach a' fuireach leis a' list a steach innt.

Agus thubhairt e rium gu robh i a' lìonadh, gur ann a' lìonadh a bha i fhathast. Agus bha dà *lifebelt* aige air a thaobh air an drochaid. Dh'iarr mis' an dàrna fear air agus thubhairt e rium *"Don't dare to touch any of them."* Bha *revolver* mar siud 'na làimh — cha do loisg e idir e; cha do rinn e càil ach gu robh e aige 'na làimh. Bha fear a mhuinntir a' Rubha còmhla ris air an drochaid an uairsin, fear ris an canadh iad Ailidh Mór Alasdair Tàilleir.

Ach dh'fhalbh esan a mach mus do dh'fhàg mise an drochaid — dh'fhalbh Ailidh a mach mus do dh'fhàg mise e. 'S 'air a dh'fhalbh mise mach ghabh mi suas 's bha mi dol suas dha'n toiseach aic a rithist, 's bhuail cnap mara orm mu thaobh a' chinn 's chuir e mo bhonaid a mach air a' mhuir, 's chuir e mi fhìn tuathal.

Chunnaic mi aon duine, fear a loisg na rocaidean, agus bha mi cho faisg 's ged a bhitheadh e ann a seo còmhla rium.

Bha iad 'nan strainnsearan dhomh-sa, h-uile duine bh'innt; ach 'se fear dhe na oifigeirean a bh'ann co-dhiù is *llama coat* air is bonaid oifigeir.

Cha robh òrdugh sam bith an siud ach dèan mar a chì thu féin iomchuidh. Thaobh 's nach robh òrdugh bho'n drochaid, cha robh comannd sam bith.

Chuala mi òrdugh ri tighinn bho'n drochaid a' sluagh a dhol sìos dha'n deireadh air mullach a' *hatch* a bh'ann a sin gus am faiceadh iad am faodadh e bhith gun tigeadh i air ais bho'n sgeir.

Aon uair chuala mi *"Let go the starboard anchor."* Sin an aon òrdugh a chuala mis' innt co-dhiù.

Thurchair dhomh-sa e bhith 'nam inntinn an loighne thoirt leam 'na mo làimh, 's leum mi mach air a deireadh airson feuchainn ri faighinn air tìr, 's cha robh dùileam gu robh a' chreag cho doirbh 's a bha i. Ach nuair a ràinig mi'n toiseach bha chreag bhos mo chionn 's thug sùghadh na mara mach air ais mi. Agus nam bithinn air bualadh ri aghaidh na creig cha robh càil air mo shon. 'S chaidh mi an uairsin na b'fhaide air falbh ann an sùghadh na mara na bha mi bho thoiseach, agus nuair a chaidh trì sualachan móra seachad — an trìtheamh té, dh'fhalbh mi roimhpe 's bha mi 'na bàrr gus na chrìochnaich i leam air uachdar na stalla, an stalla gus an deach mi bho thoiseach; 's chaidh mo bhroilleach a bhualadh suas oirre ann an sin. Sin mar a fhuair mis' air tìr, agus ghléidh mi loighne fad na tìde. Agus nuair a fhuair mi suas ann a sin, 's am muir air a dhol sìos seachad orm, shuidh mi ann a sin gus an tàinig aon cheathrar air tìr an loighne chaol sin; gu'n do dh'eubh mi gu robh i ro ghoirid 's ro chaol, nach dèanadh i chùis — iad ròpa garbh a chur oirre. Chaidh ròpa a chur oirr an uairsin. Thàinig an còrr air tìr air an ròpa sin.

Dh'fhalbh MacLeòid leis an ròp. Bha mi fhìn a' feuchainn gu bial 's bha maide — rud ris an canadh iad *orling spar* — ann a sin. Bha mi a' smaoineachadh le cuideam an t-sluaigh, mura bitheadh gun thurchair am maide sin suas eadar mo dhà chois, gu robh iad air mo thilgeadh. Cha robh móran taic ann an aon duine air tìr le ròp agus thubhairt mi rium fhìn — bha m'athair beò an uairsin, 's bha poca beag agam is dà phunnd tombaca agam a bha mi dol a thoirt gu na bodaich is chuir mi 'na mo bhial e . . . bha bial ann an latha sin is fiaclan math . . .
Fhuair mi chun an ròp agus chaidh mi sìos pìos — is chaidh mise fodha. Leig mise as an tombaca agus bha esan ri feuchainn am faigheadh e air sleac an ròp a thoirt thuige fhéin. Agus sin mar a fhuair mise steach: thurchair dhomh gun d'fhuair mi fàth mhath a steach — mar a bha iad ag ràdh, "Gheibh thu fàth air a' mhuir mhór." Bha uairean eile bha'n t-soitheach a mach 's a steach is bha uairean ann a bha muir a' sgaoileadh suas air na creagan tòrr na b'fhaide na bha e uairean eile.
Ràinig mise Iain agus bha na daoine feuchainn air an ròp; is mar a bha am bàta tighinn a steach, bha sinne toirt leinn sleac an ròp. Bhoill, cha robh àit ann anns an dèanadh sinn an ròpa *fast*; agus ged a dhèanadh, mar a bha i uairean cha sheasadh an ròp ann — bhitheadh e 'na *smithereens*. Bha am bàta mach 's a steach, cha robh i *stationary* ann. Ach dh'fhaighnich mi fhìn do MhacLeòid: "Có as a tha thu?"
"Tha," ars esan, "a Nis."
"Bhoill," ars mis', "'sann a Nis a tha mise."
"Agus có leis thu?" ars esan.
"Tha," ars mis', "le Tormod Donn."
"'Sann le Murchadh Mac Fhionnlaigh," ars esan, "a tha mise."

A' cheud duine a thàinig air tìr air an loighne, 'se fear Iain Moraidh bha a' fuireach air a' Bhac, fear ris an can iad 'Iain Help'. 'Se sin a' cheud duine.
Tha cuimhn' agam glé mhath 'air a thàinig e air tìr an toiseach, a' cheud duine a thàinig — chuir e a dhà làimh mu m'amhaich 's mi 'na mo shuidhe.

Agus a h-uile duine mar a bha dol air tìr bha iad a' breith air an ròp — ri cuideachadh an fheadhainn eile, an fheadhainn nach robh càil a dh'fheum annt nuair a gheibheadh iad air tìr.
Gu fàbharach, thachair dhomh-sa gu robh mi faisg air far an deach an ròp a chur a mach. 'Sann shìos faisg air an deireadh aic a chaidh e mach an toiseach agus tha mi smaoineachadh gum bithinn timcheall air a' cheathramh duine deug no mach mar sin, a fhuair air tìr aig an àm — air an ròp. Oir bha móran ann, nuair a bha iad a' faicinn na daoine gha frasadh bho'n ròp 'air a bha i listeadh air ais, chan fheuchadh iad air adhart; agus bha gu leòr ann a bh'air an cùlaibh, nam bitheadh iad faisg

air, a dh'fheuchadh; tha mi glé chinnteach as — ge b'e dé mar a thachradh dhaibh — gu feuchadh iadsan air tìr ceart gu leòr. Chunnaic mise dhà no trì a' bualadh anns a' chreig 's a' tuiteam marbh ann a sin fhéin dha'n uisge.

Bha e cur smùid an àirde 's nach seasadh ròpa ris. Dh'fheumadh iad a bhith gha easaigeadh. Bha teans gu leòr faighinn air an ròp — ach 'air a chaidh mis' air, tha cuimhneam fhathast gun rug mi air an ròp anns an làmh dheas, agus shin mi mo làmh eile, agus 'air a thàinig am muir orm bho thìr bhuail e mo cheann mu'n t-soitheach.
Tha cuimhn' agam air a sin ceart gu leòr. Bhoill, dh'fhoghainn sin dhomh — mar gun cuireadh e fuar mi. Tha e coltach an ath mhuir gun chuir e gu cùl na carragh a bha sin mi.
Nis, bhitheadh sin uaireannan faisg air a bhith tràghadh, 'air a thigeadh am muir a mach bho thìr; 'sann mar siud a shàbhaladh *crowd* aca — nam bitheadh tòrr dhaoin' air tìr, an fheadhainn a bha shuas a' ruith a nuas, breith air na daoine, bitheadh iad beò no marbh, agus ghan toirt gu tìr. Agus dh'fhairich mise muir a' lìonadh an taobh stigh agam. Tha mi smaoineachadh nach robh bàs ann cho furasd ris — fèir mar gum bitheadh duine a' tuiteam 'na chadal. Agus cha robh an còrr a dh'aithn' agam-sa gu na chuir mi a mach an sàl air tìr.

'Sann air ròp a fhuair mis' air tìr — gu mìorbhuileach — agus e cunnartach gu leòr a dhol chun an ròp. Cha robh móran a' fuireach air an ròp ud — le obrachadh na soithich bha iad a' tuiteam bho'n ròp. Gu fàbharach, 'sann fo m'achlais a chuir mise an ròp; agus mar a bha an t-soitheach a' listeadh a mach le onfhais na mara, bha seo gha mo shàbhaladh — nach robh mi fhìn a' falbh, gus na dh'iomaineadh mi air tir.

Bha sinne ann a sin 's thòisich mu dheireadh an deireadh aice gabhail a' bhùirn far an deach sinne air tìr agus dh'fhalbh fear — 'se fear as a' bhaile againn fhìn a bh'ann — dh'fhalbh e leis an ròp an uairsin agus chuir e sìos gu teis-meadhon e agus cheangail e an ròp ann a sin; 'se e fhéin an ath dhuine a dh'fheuch air tìr agus fhuair e air tìr cuideachd, ach chan eil e nise beò — Calum MacLeòid, a mullach a' Chreagain shuas anns a' bhaile againn fhìn ann a seo.

'Air a bha am muir a' dol a steach, an àirde ris a' chreig, ma bha thu leantainn an ròp an àirde, 's gu seasadh do làmhan ris — 'air a bha muir a' tilleadh air ais, bha thu an uairsin crochaid ris a' chreig; dh'fheumadh tu *hang-on* gus an tigeadh an ath mhuir airson do chur an àirde.
Sin mar a bha i air tìr — gu'm beireadh an fheadhainn a bha gu h-àrd, gu'm faigheadh iad greim air do làmhan airson do dhraghadh suas clìor 's a' mhuir. Sin mar a fhuair a h-uile duine a fhuair air tìr aisd.
Bha gu leòr a' feitheamh airson a dhol air an ròp ach cha robh misneachd ac. Feumaidh gu robh iad air an *nerve* a chall. Bha gu leòr aca nach do dh'fheuch a riamh ann, gu leòr a bharrachd air na dh'fheuch ann.

Thubhairt mise rium fhìn nach robh càil a choltas gu faighinn càil a chobhair bho taobh na mara 's gu robh e cho math feuchainn air ròpa. 'S

26

cha do smaoinich mi ach dhol làmh as déidh làimh, cha do chuir mi mo chasan air an ròp idir. Agus bha oillisgin orm 's cha do smaoinich mi air a chur dhiom, 's nuair a ràinig mi mu mheadhon an ròpa, 'sann a thàinig an fhairge — bha i ri dol a mach. Bha i ri dol a steach nuair a chaidh mi chun an ròp. Thàinig i sin a mach agus thòisich an ròpa ri crathadh is thuit mise bho'n ròp. Agus nuair a thuit mi, chuala mi fear dhe na balaich a bha cumail greim air an ròp air tìr ag ràdh: "Tha esan *finished* cuideachd." Ach, co-dhiù, cha robh. Ach bhurstaig na putanan a bha 'san oillisgin leis an fhairge chaidh am broinn m'oillisgin. Shaoilinn gu robh mo dhà ghàirdean dìreach ri bragadh mar gum bitheadh tu ag obair air brisgean.

Chaidh mi tarsainn air an ròp gu tìr is 'se sin mar a fhuair mise gu tìr, agus thachair dhomh mar sin a thighinn tarsainn air feadhainn a bha an déidh lapadh 's an déidh 's call an neart air an ròp; agus ghreimich iad rium-sa 's chaidh sinn gu tìr. Bhoill, cha robh lorg agam aig an àm có a bh'ann ach goirid as déidh sin bha mi air banais agus thàinig am balach seo fad an robh mi agus thubhairt e rium: "A bheil thu gham aithneachainn? "Chan eil," arsa mise. "Bhoill," ars esan, "'se mise fear a chuidich thu 's a chuir thu suas gu tìr 's a dh'fhaighnich thu an robh mi ceart gu leòr ann a sin." 'Sann a Tolastadh a bha am balach sin. Tha e an diugh ann an Inbhirnis a' fuireach.

Rinn mise iomadach uair, nuair a bha mi 'na mo bhalach, leum air a' mhòintich tòrr na b'fhaide. Ach 'sann a bha rud ann dé bha dol a bhreith ort ged a leumadh tu; bha muir a' breith orr 's mar a chìtheadh sibh maide am bial na mara le droch shìde — dheidheadh i suas pìos, 's mathaid gu fàgadh e i 's mathaid an ath shuala gun tugadh e leis a h-uile càil.

Bha'n deireadh aice na b'fhaisge air a' chreig na bha'n toiseach agus gu saoilinn nuair a dheidheadh am muir a mach gu leumainn bho'n a' *bhulwark* aice gu tìr — 's nuair a bha an fhairge sin ri tighinn an àirde bha e ri dol suas, chanadh sibh, leth-mhìle shlighe. Agus bha na sgeirean a ris — chitheadh tu na sgeirean 'air a dheidheadh am muir a mach; chanadh tu gu faodadh tu leum gu tìr. Ach bha a h-uile càil a bh'ann cho uamhasach.

Bha sinn ann a sin agus feadhainn a bha tighinn air tìr agus feadhainn a bha gham bàthadh. Thòisich ise a' drioftadh a mach — drioftadh na b'fhaide mach. Mu dheireadh thòisich na tonnan a' tighinn seachad oirre agus nuair a dh'aom i mach an uairsin tharraing i an ròp as ar làmhan 's chan eil mi smaoineachadh gun tàinig sgamhan beò aisde as déidh sin.

Bha mise anns a' steama-thoisich aic an uairsin, agus an uair a chunnaic mi gur ann a mach a list i, cha do rinn mi càil ach mi fhìn a thilgeadh a mach air na rèileachan a bh'air an toiseach aic 's a dhol air mo cheann dìreach dha'n mhuir.

Agus ghreimich dubhan na h-acrach rium ri mo bhriogais. Le mo chuideam fhìn a nis, shrac mo bhriogais is relievig sin mise. Chaidh mi dha'n mhuir an uairsin, 's bha de *wreckage* ann a sin — làn an t-saoghail

Fear a' chruinn is fear an ròp

dhe'n a h-uile seòrsa rud. Ach thàinig bòrd 'na mo dhà làimh — shaoilinn gu robh aon cheithir troighean a dh'fhaid ann — agus chum e an àirde mo cheann greiseag. Ach thàinig cliath mhór mhara — O, tha cuimhn' agams air a siud is bidh gu bràth! Thàinig cliath mhór is chuir i mi fhìn is am maide bun-os-cionn. Fhuair mi h-uile càil a bh'ann. Agus fhuair mi'n àirde bho'n a sin agus 'sann a rug fear dhe na balaich orm a bha strugglaigeadh airson a bheatha. Rug e air mo ghualainn 's thug e fodha mi — chaidh sinn fodha le chéile. Chan urrainn dhomh a ràdh dé an ùine bha sinn fodha. Feumaidh e bhith nach robh uamhasach fada; ach fhuair mi'n àirde, fhuair mi'n àirde an uairsin. Agus an ath rud, cha robh càil a dh'fhios agam air càil tuilleadh gu'n d'fhuair mi mi fhìn air sgeir 's am muir gha mo chobhraigeadh suas gu léir.

Bha mise smaoineachadh gum bitheadh i ann gu latha — an soitheach mór ud, nach briseadh i gu latha co-dhiù. Ach cha tug e càil a bharrachd air uair a thìde gu nach robh càil ann dhith ach an dà chrann.

Bhoill, dh'fhalbh ise mach 's bhris fairge steach air a feadh an uairsin, 's sweepig sin a h-uile càil a bh'ann — a h-uile càil.

O bha e briseadh a h-uile càil, 's chum mise greim co-dhiù is chaidh na tonnaichean seachad orm 's cha do leig mi as mo ghreim an uairsin. Cha robh mi an déidh càil ach faochadh fhaighinn an déidh m'anail a tharraing a rithist nuair a thàinig an ath fhear, 's dh'fhalbh am fear sin leam.

Dh'fhalbh mise bho'n a' *bhoat deck* an uairsin — bha i an uairsin a' listeadh a steach chun a' chreig.

Chan eil càil a dh'fhios agam càit an deach mi no càil — chan eil cuimhn' agam air càil ach air a' fuaim a bha 'na mo cheann, 'na mo chluasan. Co-dhiù, nuair a ràinig mi air uachdar a rithist, thàinig mar gun tigeadh ròpa 'na mo làimh, 's tharraing mi air an ròp 's thàinig mi air uachdar 's bha mi an uairsin aig a' chrann-deiridh aic — 's bha i an déidh listeadh a mach. 'Sann a steach a bha i'n toiseach 's bha i an déidh listeadh a mach 's cha robh càil agams air uachdar ri fhaicinn ach na cruinn agus bàrr na drochaid — bha *funnel* an déidh falbh aisd.

Bha mi smaoineachadh gur e na boileirean aice a dh'explodaig, oir chitheadh tu lasair air uachdar na fairge ag obair a null agus a nall air son greiseag ann a sin, agus chaidh a h-uile càil an uairsin 'na thosd.

Fhuair mise greim air ròpan a' chruinn aic an uairsin 's tharraing mi mi fhìn an àirde. Chaidh mi suas ann, pìos math, 's thàinig balach eile nuas as mo dhéidh. Bha mise a thaobh shuas air agus bha esan bìdeag air mo thaobh shìos, 's a' cheud droch mhuir a thàinig, dh'fhalbh e leis a' bhalach — mus d'fhuair mi air dùrd a ràdh ris. Dh'fhalbh e leis — chan eil càil a dh'fhios agam có bh'ann. Co-dhiù, chaidh mi suas pìos eile rithist 's chaidh mi mu dheireadh suas cho fad 's a bha ròp ann. Bha mi breith gu math *tight* air a' chrann 's bha e cur seachad tòrr orm. Cha robh mise a' faicinn duine beò, ach thòisich mi coimhead dithis air *riggings* a' chruinn-toisich aic. Agus bha iad ann a sin — chanainn gu robh iad dhà no trì uairean a thìde ann co-dhiù shuas fèir mar a bha mi fhìn. Ach thàinig fairge mhór a rithist; is ged a bha an t-soitheach an déidh a dhol chun a' ghrunnd, mar a chanas iad, nuair a bha an fhairge tighinn bha na cruinn a' dol an àirde na h-uibhir 's bha iad a' dol sìos a rithist an aghaidh na fairge. Rug am fear ud oirre is na cruinn an déidh a dhol sìos ann an cùl an tonn eile, 's an deidh dha'n a' cheud fhear a dhol seachad, chaidh i sìos; is an ath fhear, rug e air na cruinn shìos. Agus 'se sin am fear a bhris an crann-toisich aic — nuair a dh'éirich e an àirde ann an cabhaig, bhris an crann-toisich leis an dà bhalach eile agus shad e mise 's bha mi slaodte ris air aon làimh an uairsin. Ach fhuair mi air a dhol air a rithist. 'Sann an uairsin a bu mhotha ghabh mi dh'eagal gu léir. Bha mi smaoineachadh nuair a chunnaic mi'n crann ud a' briseadh nach robh fear eile fada aige ri dhol a bharrachd. Ach bha e slàn gu'n d'fhuair mise dheth. Cha robh móran ann dhith ach e fhéin. Cha robh an uairsin duine beò agams ann ach mi fhìn — bho'n uairsin gu'n tàinig an latha, chan fhaca mi duine tuilleadh.
Nuair a bhitheadh fàth ann bha mi blàthachadh an dàrna làmh 's a' cumail greim leis an té'ile. Bha mi 'na mo shuidhe; chan eil fios agam, tha mi smaoineachadh gur ann air a bha mi 'na mo shuidhe — mo chasan tarsainn mu'n a' chrann ann a sin agus bha *stay* agam fèir anns gach làimh. 'S bha mi leigeil as an dàrna té is a blàthachadh na làimh eile. Bhoill, bha mi air mo chumail cho *busy* co-dhiù 's nach robh mi uamhasach fuar ann, ged a bha mi an déidh thighinn an àirde as an fhairge. Cha robh fuachd a' cur càil orm. Chan eil mi a' smaoineachadh gu robh, co-dhiù. Ma bha, cha robh mi saoilsinn càil dheth.

Bha mi ann a sin 's cha robh duine ann a thigeadh thugam 's cha b'urrainn dhomh fhìn càil a dhèanamh. Bha mi 'na mo shìneadh air an sgeir; chuir mi m'uilinn mar seo, gha mo tharraing fhìn ri feuchainn suas air an sgeir, gus nach breitheadh an còrr dhe'n a' mhuir orm. Chan eil

A' chlag is pleit an einnsean

fios dé an ùine a thug mi ann a sin. Ach co-dhiù, fhuair mise suas chun na bruthaichean far am bitheadh na caoraich a' gabhail fasgadh anns a' gheamhradh.

Agus bha mi fo na bruthaich sin, ach fhuair mi air éirigh, 's bha mi ri tuiteam 's bha mi ri 'g éirigh. An uair a fhuair mi gu bàrr na bruthaich chunnaic mi solus pìos mór bhuam; agus "O," bha mi ag ràdh rium fhìn — "O, na cuiribh as an solus sin fhathast co-dhiù gus am faic mis' an ruig mi e." Agus thòisich mi ag eubhach mar a b'urrainn dhomh. Bhoill, thàinig dà bhoireannach — thàinig da bhòireannach còmhnard thugam, cho còmhnard ri càil. Bha mi an uairsin air a dhol ann am bogadh — mo leth-chas shìos ann an leig-chruthaich 's an té'ile os cionn na talmhainn, agus mo dhà ghàirdean anns an leig-chruthaich cònhla ri mo chas. Thàinig na boireannaich sin 's fhuair iad mi ann a sin, 's thug iad mis' a Thigh an Tac.

'Se solus Mac Young a bh'ann a sin — bha e nuairsin a' còmhnaidh ann an Tolm — agus dh'fheuch sinn chun an tigh'; agus bha conas a' tachairt ruinn agus àiteachan glé bhog cuideachd, ach fhuair sinn chun an tigh' truimeach-air-shearrach air dòigh air choireigin. Agus nuair a chaidh sinn chun an tigh' sin bha an duine còir sin air éirigh. Bha feadhainn ann air ruighinn romhainne, agus feadhainn aca nach robh càil ann ach gun ràinig iad sin fhéin. Bha iad a' cur a mach sàl air am bial agus air a h-uile seòrsa cumadh. Agus dh'fhalbh e an uairsin leinn — an fheadhainn anns an robh càil a threòir againn — le lanntair, agus threòraich e sinn chun a' rathaid mhóir. Agus thachair buidheann a Steòrnabhagh fhéin ruinn a bha a' giùlain a' *life apparatus* air an t-slighe. Cha robh dad an àirde dhith an uair ud ach na cruinn — nach robh i air a dhol sìos?

Bha iad ag ìnnse dhomh-sa gur ann nuair a dh'fhalbh na rocaidean — chuireadh air falbh rocaid no dhà a bh'air an drochaid, agus bha iad a' smaoineachadh aig a' Bhataraidh gur e celebreatadh na Bliadhn' Uir a' tighinn a steach aig dà-reug a bha iad. Agus 'se fear a' *Sheila* an déidh dha thighinn a steach a thubhairt, "An tàinig an *Iolaire*?" — agus an ùine dh'fhalbh i roimhe as a' Chaol. Sin, an uairsin, 'air a dh'aithnich iad gu robh an call dèanta.

Mus tàinig an latha, bha mi coimhead solus air mo thaobh thall — am Patrol; thàinig am Patrol a mach a Steòrnabhagh 's bha iad a' cumail thall air an loch. Cha b'urrainn dhaibh thighinn air àruinn an àit ud idir, O cha b'urrainn — ged a bhitheadh a' *lifeboat* a th'ann an diugh ann, chan fhaigheadh i ann a bharrachd. Oidhche cho fiadhaich 's a bhitheas a' tighinn, tha mise smaoineachadh; frasan móra sneachd, is e bh'ann an uair ud. Co-dhiù, thòisich a' ghaoth ri dol sìos is thainig tuga agus tràileir a mach a Steòrnabhagh agus dà eathar ceangailte riutha. Dh'aithnich mise gur ann ri tighinn a shealltainn air mo shon fhìn a bha iad; bha iad an déidh faighinn *report* bho'n a' Phatrol a bha seo, gu robh iad ri faicinn duine 'sa chrann. Is e eathar an tràileir a thàinig faisg an toiseach; bha iad ri tighinn a steach chun an àite 's an robh mi ach b'fheudar dhaibh tilleadh; theab iad a dhol as a' rathad; bha mise gham shaoilsinn fhìn na bu shàbhailte fad an robh mi na bhith innte. Thàinig an uairsin té bho'n taobh eile is bha muir a' bristeadh air mo thaobh a muigh. Is bha iad ag ìnnse dhomh-sa gun do thòisich iad ri dòrtadh ola air a' mhuir. Thàinig bho'n taobh eile eathar na tuga; thàinig i steach agus oifigeir air *charge* aisde, fear le dà bhann, agus dh'eubh e rium-sa: "*Can you come down?*" Bha mise shuas ann am mullach a' chruinn agus bha *stay* ri falbh as a' chrann sìos gu toiseach an t-soithich. Thubhairt mi ris: "*If you bring the boat between the mast and the stay I'll come down.*" Is e sin a rinn e; bhacaig e an t-eathar eadar an crann is a' *stay* is nuair a fhuair mise i dìreach fodham bha mi nuas mar cat air a' *stay* agus chaidh mi fèir 'na broinn.

Dh'iomair iad air falbh; cha do rug càil oirnn is bha sinn a mach a cunnart ann am mionaid. Chaidh mo thoirt air bòrd an tuga; bha mi cho làidir ri siud ri tighinn a nuas ach nuair a ràinig mi an tuga cha b'urrainn dhomh dìreadh innte. Cha b'urrainn. Chaill mi mo neart anns a' spot. Agus bha mi an uair ud cho math ri math.

Bha an t-Sìth air eubhach; is e an t-slighe mu dheireadh againn a bh'ann . . .

". . . no opinion can be given as to whether blame is attributable to anyone in the matter."

3 Cùirt Rannsachaidh na Néibhi

Bha bàta Bucach ris an canadh iad a' *Spider* ri iasgach sgadain faisg air na h-Eileanan Móra air feasgar Di-màirt, an latha mu dheireadh de 1918. Tharraing iad na lìn aig deich uairean as t-oidhche agus rinn iad air cidhe Steòrnabhaigh. 'Se Seumas Dòmhnallach a bha 'na Einnseanair oirre agus bha e shuas anns an tigh-chuibhle fad na slighe.

Nuair a bha iad ri seòladh seachad air bial Loch Ghrimseadar chunnaic iad soitheach ri dol seachad orra gu *starboard*, agus ged nach robh iad cinnteach có an t-soitheach a bh'ann smaoinich Seumas Dòmhnallach gur e a' *Sheila* a bhitheadh ann. 'Se bh'ann ach an *Iolaire*.

Seo mar a dh'innis e dé thachair an uairsin:

"Lean sinn anns an t-suail aig a' bhàta, agus nuair a bha sinn a' tighinn faisg air tigh-soluis Arnais thug mi'n aire nach do dh'atharraich i a cùrsa idir 's i a' dol seachad air an t-solus, ach gu robh i dèanamh dìreach air Biastan Thuilm.

"Thubhairt mi ri fear dhe'n chriutha nach deidheadh aice air fuireach cuidhteas sgeir Thuilm, gu robh i air a dhol ro fhada far a cùrsa airson gun dèanadh i'n acarsaid dheth le tèaruinteachd. Dìreach anns a' bhad chuala sinn eubhach mhór, 's bha fios againn gu robh an t-soitheach air na creagan. Bha sinn a' dol seachad air solus a' Bheacon aig Arnais aig an àm agus chluinneamaid eubhach nan daoine is sinn a' tighinn a steach dha'n acarsaid.

"Bha'n oidhche dubh dorcha, 's deagh bhrìos oirre bho'n Deas agus fìor onfhadh fairge.

"Cha b'urrainn dhuinn cuideachadh a thoirt dhaibh, o nach fhaodamaid earbsa sam bith a chur as an einnsean againn fhìn gun cumadh e dol sinn 'na leithid de mhuir. Nuair a ràinig sinn Steòrnabhagh dh'innis sinn do mhuinntir na Néibhi gu robh bàta air a dhol air na creagan aig Tolm."

Chì sinn gun cuala muinntir an dà Chùirt, uair is uair, bho chaochladh dhaoine, gu robh an *Iolaire* ro fhada gu Tuath anns a' chùrsa a ghabh i tighinn a steach, agus gu robh i siubhal ro fhaisg air fearann a' Rubha cuideachd. Chan eil e furasd idir fios a bhith aig seòladair aig muir, air oidhche dhorch, shalach, càit a bheil e — 'se sin, le cinnt sam bith — ach chan eil teagamh nach robh an *Iolaire* ri seòladh cùrsa neònach an oidhch' ud.

B'e Seumas Dòmhnallach a' cheud fhianuis aig Cùirt Rannsachaidh na Néibhi, a dh'fhosgail ann an Steòrnabhagh air Di-ciadain, an t-ochdamh latha dhe'n Fhaoilleach. Ach cha b'e Cùirt Rannsachaidh a bha'm beachd Admiral Boyle an toiseach idir. 'Se bha fainear dha'n fhear a bha os cionn na Néibhi ann an Steòrnabhagh ach Cùirt Peanais. Chuir e teileagram a Lunnainn air an treas latha:

REQUEST INSTRUCTIONS AS TO WHETHER COURT MARTIAL SHOULD BE HELD ON LOSS OF YACHT IOLAIRE.

Ach cha robh ceannardan na Néibhi leagte air a leithid seo idir. Chuir iad fios air ais ag òrdachadh gun deidheadh Cùirt Rannsachaidh a chumail. Chaidh fios a chur air feadh an eilein airson gun tigeadh a h-uile fear a thàinig beò as an *Iolaire* a Steòrnabhagh, agus chaidh ochd duine deug de bhalaich an RNR a thaghadh chum fianuis a thoirt.

B'iadsan Niall MacNeacail; Gilleasbaig Ros; Alasdair MacIomhair; Iain Fionnlagh MacLeòid; Murchadh MacPhàrlain; Dòmhnall MacIomhair; Tormod MacIomhair; Dòmhnall MacRath; Iain MacGumaraid; Alasdair Iain MacLeòid; Murchadh Dòmhnallach; Iain MacAonghais; Coinneach MacLeòid; Aonghas Dòmhnallach; Aonghas MacNeacail; Iain MacIllinnein; Calum MacRuisnidh; Iain MacFhionghain.

Agus an t-sianar a thàinig beò as a' chriutha: Seumas MacIlleathain; Leonard Welch; Seumas Wilder; Ernest Adams; Griffith Bamsey; Arthur . . . Cha do shàbhail duine dhe na h-oifigeirean.

Bha feadhainn ann nach b'urrainn tighinn chun na Cùirteach ged a bhathar ghan iarraidh ann, air sgàth an ludraidh a fhuair iad mus do rinn iad tìr dheth aig Ceann Thuilm. Chaidh fianuis a ghabhail bhuapa aig na tighean.

Chuir oifigeirean na Néibhi agus Luchd-dìon a' Chladaich a bha ag obair oidhche na Bliadhn' Uire a steach brath gu muinntir na Cùirteach cuideachd.

Chaidh a h-uile càil a thàinig a mach aig an Rannsachadh seo a chumail an cleith fad sgal leth-cheud bliadhna. Ach cha robh muinntir Leódhais idir ri dol a' leigeil na cùise seachad cho beag-suim sin, agus thàinig air an Riaghaltas Rannsachadh Follaiseach a chur air chois anns an Fhaoilleach, 1919.

Chan eil teagamh nach robh a' Néibhi — co-dhiù, a' Néibhi ann an Steòrnabhagh — a cheart cho deònach air faighinn a mach dé thachair dha'n *Iolaire* 's a bha muinntir Leódhais. Chan eil rian nach robh Admiral Boyle ga mheas fhéin glé shuarach anns na lathaichean ud. Is dòcha gur e seo a thug air *Court-Martial* iarraidh anns a' cheud dol-a-mach? Co-dhiù, cha d'fhuair e sin.

Dh'fhosgail Cùirt Rannsachaidh na Néibhi aig deich uairean 'sa mhadainn, 8.1.1919, le dà Chomanndair agus Lieutenant os a cionn. 'Se fear dhe'n chriutha a shàbhail, Seumas MacIlleathain a Ceann Loch Chille-Chiarain, a bha 'na chuartarmaster air an drochaid aig an *Iolaire*: is dòcha gu robh beachd math aige-san dé thachair? Chaidh ceistean gu leòr a chur air:

Ceist: Nuair a ghabh thu d'àite air deic aig meadhon-oidhche, is a ghabh thu a' chuibhle, dé an cùrsa air an robh i?

Freagairt: Bha i stiùireadh dìreach an Ear-thuath, rud beag an Ear.

C: An do chum thu an cùrsa sin?

F: Chaidh atharrachadh aig leth-uair an déidh mheadhon-oidhche gu Tuath.

C: An do chum thu ris a' chùrsa sin gus an tàinig fear 'nad àite aig uair 'sa mhadainn?

F: Chum.

C: Có an t-oifigeir a bha ri faire?

F: O dhà-reug gu uair — an Comanndair Mason.

C: An robh e fhathast ri faire nuair a bha thusa deiseil?

F: Bha, bha e fhathast ri faire.

C: An faiceadh tu an solus air Rubha Arnais fhad 's a bha thu aig an stiùir?

F: Chitheadh.

C: Càit an robh an solus sin o'n t-soitheach?

F: Bhitheadh e mu leth-phuing air an làimh chlì dhe toiseach, mas math mo chuimhne. Bhitheadh sin mu leth-uair an déidh mheadhon-oidhche.

C: Nuair a bha thu deiseil aig uair, an tug thu'n aire càit an robh e'n uairsin?

F: Bhitheadh e m'an aon àite.

C: Có chuir sìos gu h-ìosal thu dh'iarraidh nan làmhan, aig cóig mionaidean fichead an déidh uair?

F: Chuir Cotter, oifigeir a' chùrsa — bhitheadh sin mu chóig mionaidean fichead gu dhà.

C: Carson a chaidh do chur sìos gu h-ìosal a dh'eubhach air na làmhan?

F: Gus an t-acair fhaighinn deiseil.

Tha e soilleir nach robh dùil an *Iolaire* a thoirt a steach ris a' chidhe, co-dhiù an toiseach. Bha òrdugh aig Leiut. Wenlock an *Iolaire* a choinneachadh leis an drioftair *Budding Rose*, agus a stiùireadh a steach do Bhàgh Steòrnabhaigh.

Cha robh earbsa a réisd ann gum b'urrainn do Mhason an *Iolaire* a thoirt chun a' chidhe anns an dorchadas gun phoidhleat. Bha an *Iolaire* 'na soitheach caol, fada, agus gun teagamh cha bhitheadh i furasd a tionndadh ann an àite cumhang, mar a tha bial Bàgh Steòrnabhaigh.

Chuir Cotter sios MacIlleathain an dàrna h-uair, airson dèanamh cinnteach gu robh an criutha deiseil airson tighinn suas air deic gus an t-acair a chur a mach. Bha fios aig Cotter (ceart no ceàrr 's gu robh e thaobh a' chùrsa) nach robh e fad sam bith air falbh bho'n àite anns an robh dùil aig an *Iolaire* a dhol air acair agus feitheamh ris a' *Bhudding Rose*. Tha e soilleir gu robh Cotter ri smaoineachadh gu robh a h-uile càil mar bu chòir dha bhith.

Ach cha robh Seumas MacIlleathain càil ach air tilleadh gu deic a rithist nuair a bhuail ise.

Bha fear Iain MacCoinnich a Port Bholair ri tighinn dhachaidh an oidhch' ud. Thug e ùine stigh anns a' *saloon* còmhla ri grunn RNRs eile, ach thàinig e mach air deic nuair a bha'n *Iolaire* ri dol seachad air na h-Eileanan Móra. Chunnaic e solus an Tiumpain agus solus Arnais agus thubhairt e ris fhéin:

"Tha e ruith ro fhada gu Tuath leatha."

Chaidh e sìos a rithist agus thubhairt a mheit ris:

"Tha sinn ri tighinn gu acair 'sa Bhàgh agus theid ar toirt air tìr ann an drioftair."

Chunnaic Aonghas Dòmhnallach, a Steòrnabhagh, solus Arnais aig fichead mionaid gu dhà:

C: Càit an robh an solus nuair a chunnaic thu e?

F: Bha e ceithir puingean chun na làimhe clì bho a toiseach.

C: Am faiceadh tu soluis a' bhaile ann an Steòrnabhagh?

F: Chitheadh. Bha iad oirnn o'n aon àirde, rud beag gu taobh na làimhe deise dhe'n t-solus.

Bha Aonghas Dòmhnallach cinnteach as an uair aig am fac e an solus, oir bha gleoc anns a' *saloon*; agus cha robh seo ach beagan is deich mionaidean mus deach an *Iolaire* air na Biastan.

Bha fear a Radhanais air bòrd, Iain MacGumaraid, agus chaidh esan suas air deic cuideachd, mionaidean mus do bhuail i na creagan. Chunnaic esan solus Arnais:

C: Càit an robh e a' bearadh?

F: Chun na làimhe clì, bho a toiseach.

C: Fada chun na làimhe clì?

F: Seadh; timcheall air ceithir no còig.

'Se seo a thubhairt Aonghas Dòmhnallach cuideachd.

Ach mhothaich Iain MacGumaraid do rud eile: chaidh cùrsa na h-*Iolaire* atharrachadh chun an taobh chlì, còig mionaidean mus do bhuail i.

C: Mus do bhuail am bàta, an tug thu'n aire gu robh an cùrsa air atharrachadh?

F: Thug. Mu chòig mionaidean mus do bhuail i.

C: Dé'n taobh a bha e air atharrachadh?

F: Chaidh atharrachadh chun an taobh chlì gus an tàinig solus a' Bheacon no solus Arnais dìreach romhainn.

A réir an astair a bh'aig an *Iolaire* (deich mìle-mara 'san uair), bha i a mach bho Bràigh na h-Aoidhe còig mionaidean mus do bhuail i, nuair a chaidh an cùrsa atharrachadh chun an taobh chlì. (Chì sinn gu bheil seo ri dol leis na tha aig Caiptean Iain Mac a' Ghobhainn ri ràdh mu dheidhinn cùrsa na h-*Iolaire*.)

Ged a mhothaich Iain MacGumaraid dha'n atharrachadh cùrsa, bha feadhainn eile ann nach do chuir umhaill sam bith air astar na soithich gus an do bhuail i.

Chaidh Iain MacAonghais, a Tolastadh bho Thuath, suas chun na drochaid cho luath 's a bhuail i:

C: Dé chuid dhe'n deic chun an deachaidh tu?

F: Chaidh mi fèir a steach do thigh na cuibhle.

C: Cò a bha'n sin?

F: Bha Lieutenant, no Comanndair — chan eil fhiosam cò aca — agus fear aig a' chuibhle.

C: Am b'aithne dhuit am fear a bh'aig a' chuibhle?

F: Cha b'aithne.

'Se Leggett, fear dhe'n chriutha, a bh'aig a' chuibhle. Chaidh esan as an rathad cuideachd.

C: An do bhruidhinn thu ri duine?

F: Bhruidhinn.

C: Dé thubhairt thu?

F: Dh'fhaighnich mi dha'n Lieutenant an robh e a' tràghadh no a' lìonadh 's thubhairt e gu robh e a' lìonadh.

C: Dé thug ort sin fhaighneachd dha?

F: Bha mi'n dùil gum biodh barrachd cothruim againn air ar beatha shàbhaladh.

Nan robh am muir air a bhith tràghadh, bhitheadh dòchas gu fuiricheadh an *Iolaire* air a' chreig agus gu faigheadh iad air tìr — ach mar a bha h-uile càil an aghaidh a' ghnothaich an oidhch' ud, 'sann a bha muir ri lìonadh . . .

Dh'fhaighnich MacAonghais dha'n oifigeir an robh solus-lorg air an t-soitheach. Fhreagair an t-oifigeir gu robh — ach gu robh an *dynamo* briste.

Bha MacAonghais 'na fhaireachadh roimhe seo, oir chunnaic e soluis soitheach-iasgaich mu choinneamh Loch Ghrimseadar agus is iongantach mur e a' *Spider* a bh'ann:

"Chunnaic mi solus bàta-iasgaich le einnsean, no drioftair — 's i dèanamh air acarsaid Steòrnabhaigh. Chunnaic mi'n solus an toiseach air an làimh dheis, dìreach mus tàinig sinn a steach a Loch Ghrimseadar. Goirid an déidh sin bha solus ri tighinn na b'fhaide gu *starboard* gus an deach sinn seachad air Loch Ghrimseadar, nuair a thàinig e air a' *phort bow*. Chaidh e tarsainn romhainn, bho'n làimh dheis chun na làimhe clì. Deich no dusan mionaid mus do bhuail sinn, chunnaic mi solus uaine a' bhàta seo air a' *phort beam* againn. Bha ise cho fada chun na làimhe clì againn 's a bha solus Arnais nuair a bhuail sinn.

C: An robh sibh a' dol seachad air an t-soitheach seo?

F: Bha.

C: Càit am faca sibh an solus an toiseach?

F: Mu dhà phuing chun na làimhe deise bho a toiseach; agus chaidh e tarsainn oirnn mus do bhuail sinn.

Chunnaic MacAonghais solus Arnais air a' *bheam* no air an toiseach aice, agus mhothaich e do dh'fhearann air an làimh dheis dhe'n t-soitheach. Bha e 'na sheasamh air an deic, air bialaibh na drochaid:

C: Am fac thu fearann air taobh na làimhe deise dhe'n bhàta?

F: Chunnaic, chitheamaid fearann.

C: Dé an ùine bha sibh ga fhaicinn mus do bhuail i?

F: Bhitheadh e mu fhichead mionaid co-dhiù.

C: An robh am fearann gu math soilleir ri fhaicinn?

F: Cho soilleir 's a shùilicheadh duine air oidhche le smugraich uisge.

C: Dé cho fada 's a chanadh tu a bha sibh bhuaidhe?

F: Chan urrainn dhomh ràdh.

Mhothaich Iain MacGumaraid dha'n fhearann gu *starboard* cuideachd, cóig mionaidean mus do bhuail i, aig an aon àm 's a dh'fhairich e an *Iolaire* ri tionndadh gu *port*:

C: An do dh'aithnich thu'm fearann, ach càit an robh e?

F: Dh'aithnich.

C: Càit an robh e?

G.R.5.

O.N. 85043   NAME: IOLANTHE   Steam SCREW
                                                               ~~Sail~~

Port, Port No. and Year: LONDON 105/1881   3/8/1881

Built at LEITH   in the year 1881   by RAMAGE & FERGUSON,
                                                                 LEITH

No. of Decks: ONE   No. of Masts: THREE   Rigged: SCHOONER

Stern: SQUARE   Build: CARVEL & CLENCHER Galleries: NONE

Head: FEMALE BUST   Framework and Plating: IRON

Length (ft.): $189\frac{3}{10}$ Breadth(ft.): $27\ ^{1}/10$ Depth(ft.): 15

Register Tonnage: 260 $\frac{90}{100}$

Engine Room Tonnage: 150.97

Length of Engine Room: 35 $^{1}/10$ ft.

No. of Engines: TWO   Combined power (estimated H.P.): 110.

Masters (where recorded):
THOMAS WILLIAMS 3.8.1881
FRANCIS R. HARRIS 6.6.1882

OWNER THOMAS JAMES WALLER of 60 HOLLAND PARK, MIDDX. ESQUIRE
(ADDRESS ALTERED TO SOUTH VILLA, REGENTS PARK, LONDON)

Closing entry: REGISTRY CLOSED 24/7/1888 VESSEL SOLD TO A CITIZEN OF THE
UNITED STATES OF AMERICA.
RE-PURCHASED AND RE-REGISTERED IN LONDON No. 72/1890.

G.R.5.

O.N. 85043   NAME: IOLANTHE   Steam   Screw
                         changed to "MIONE" 25/11/1897 ~~Sail~~
                           "   " "IOLANTHE"   6/10/1899
                           "   " "AMALTHAEA 22/10/1906
Port, Port No. and Year: LONDON   72\1890   27\3\1890

Built at   in the year   by

No. of Decks: No. of Masts: Rigged:

Stern: Build: Galleries:

Head: Framework and Plating:

Length (ft.):   Breadth(ft.):   Depth(ft.)

Register Tonnage:* altered to 204.08 on 13/3/1891

Engine Room Tonnage:

Length of Engine Room:

No. of Engines: Combined power (estimated H.P.):

Masters (where recorded): 27.3.90 John William Creaghe

Owner:-   Sir Donald Currie K.C.M.G., M.P.,   64 Shares
        of Hyde Park Place, London

*Description otherwise unaltered

Closing entry: Registry closed 24/8/1920 Vessel totally wrecked
at Stornoway on the 1st January 1919 in name of "IOLAIRE"
while in Admiralty service.

F: Cha toir mi ainm air an t-sròin idir, o nach eil fhiosam air an dearbh ainm ann; bha e air taobh Sear a' bhàigh, far a bheil am bàta 'na laighe an diugh.

'Se Eilean Thuilm a bha e ciallachadh; thubhairt fear eile dhe na shàbhail gu fac esan Eilean nan Uan, a tha aig bial Bhràigh na h-Aoidhe. Chaidh tuilleadh cheistean a chur air MacGumaraid:

C: An déidh dhi bualadh, dé a thachair dhi?

F: Chaidh car mór dhith gu *starboard*. An uairsin chaidh i mun cuairt 's thàinig a deireadh gu tìr. Thàinig i an uairsin far na sgeire air an do bhuail i 's ghluais i gu tìr.

C: An cuala tu òrdain ghan toirt seachad nuair a bhuail an t-soitheach?

F: Cha chuala.

Chaidh MacGumaraid sìos dha'n deireadh agus thoisich e feuchainn ri loighne chur air tìr, còmhla ri dithis no thriùir eile:

C: Dé bh'agad-sa ri dhèanamh ris an loighne?

        Cheangail caraid dhomh mu mheadhon cuideigin i 's leum e gu tìr leatha.

C: An esan an aon duine a leum gu tìr?

F: 'Se.

C: An d'fhuair duine gu tìr leis an loighne sin?

F: Fhuair — mu dhusan.

C: Dé thachair an uairsin?

F: Thilg cuideigin eile ball dà òirlich tarsainn 's dh'iarr sinn orra a tharraing gu tìr. Fhuair sinn gu tìr e 's cha robh an còrr loighne againn ach sin.

Is e Iain Fionnlagh MacLeòid a Port Nis am fear a chaidh air tìr leis an loighne. Shad e bhrògan roimhe, ged nach do dh'innis e seo do mhuinntir na Néibhi.

C: Ciamar a fhuair thu gu tìr?

F: Nuair a chaidh i steach ris an sgeir leum mi seachad air a deireadh leis a' bhall 'na mo làimh chlì. Sin mar a fhuair mi gu tìr, eadar a bhith snàmh 's a bhith air mo luaisgeadh a null 's a nall.

C: An tusa an aon fhear a fhuair gu tìr an turus sin?

F: Cha robh duine còmhla rium.

C: Dé rinn thu nuair a fhuair thu gu tìr?

F: Rug am muir orm, agus ghléidh mi mo ghreim gus an do shleac i air ais. Fhuair mi far na sgeire an uairsin. Chunnaic mi duine air mullach na creige 's dh'eubh mi air. Cheangail sinn am ball cho teann 's a b'urrainn dhuinn 's theann iad ri tighinn air tìr air a' bhall an uairsin.

C: Cia mheud duine thàinig air tìr air a' bhall sin?

F: Mu cheathrar no chóignear air a' bhall-tarraing.

C: An déidh sin, dé thachair?

F: Thubhairt sinn riutha ball tiugh fhaighinn 's a chur ris an loighne. Tharraing sinn seo gu tìr 's fhuair sinn air a chur timcheall mu sgeir, 's bha greim aig cuideigin air a' cheann eile dheth.

C: Dé cho fada 's a bha'n ròp air a chumail m'an sgeir?

F: A réir mo bheachd-sa, chanainn mu leth-uair a thìde. Bha e'n sin gus an do dh'fhalbh mise, ach chaidh a ghluasad gu meadhon na soithich.

Is e Iain MacIllinnein as a' Chnìp a thug an ròp suas bho'n deireadh aig an *Iolaire* gu meadhon na soithich gus am faigheadh na bha dol air an ròp beagan fasgaidh bho'n fhairge. Rinn MacIllinnein seo air a cheann fhéin, gun òrdugh bho dhuine.

Iain Fionnlagh MacLeòid a rithist:

C: Dé thug ort an ròp fhàgail?

F: Bha mi ro chlaoidhte. Cha b'urrainn dhomh greim a chumail. Bha e do-dhèanta. Bha'm fuachd cus air mo shon.

C: An robh móran dhaoine air an ròp nuair a dh'fhalbh thu?

F: Bha, deagh chuid.

C: An cuala tu òrdugh sam bith o na h-oifigeirean an déidh dha'n bhàta bualadh?

F: Chuala mi aon òrdugh bho'n drochaid 's shaoil leam gur e'n sgiobair a bh'ann, ach cha chluinninn dé thubhairt e. Bha fios agam gur ann o'n drochaid a thàinig e, agus 'se Beurla bh'ann.

Bhruidhinn Gilleasbaig Ros a Liùrbost ri fear dhe na h-oifigeirean an déidh dha'n t-soitheach a dhol air na creagan:

"This is a terrible job," ars Gilleasbaig ris.

"You might be worse," fhreagair an t-oifigeir.

"I could not be worse if I was awaiting my doom," thubhairt an Rosach.

Co-dhiù 'se Cotter no Mason a bhruidhinn ri Gilleasbaig Ros, bha e fada ceàrr 'na bheachd; cha b'urrainn an gnothaich a bhith móran na bu mhiosa na bha e. Tha rud a thubhairt an t-oifigeir a' toirt dhuinn beachd air cho beag tuigse 's a bha aig na h-oifigeirean air a' chunnart anns an do dh'fhàg iad iad fhéin agus càch.

Cha do rinn iad oidhirp sam bith air daoine a stiùireadh airson iad fhéin a shàbhaladh; dh'fhàg seo gun do leigeadh sìos na h-eathraichean gun òrdugh. Dh'innis Murchadh Dòmhnallach a Tolastadh bho Thuath mar a thachair dha fhéin:

"Chaidh mi dha'n *bhoat deck* agus chaidh mi steach dha'n *whaler* air an làimh dheis; còmhla ri dithis no thriùir eile, chaidh mo leigeil sìos 'sa *whaler*, an aonais òrdugh. Nuair a ràinig an t-eathar an t-uisge, leum feadhainn eile innte o'n deic àrd. Thubhairt mi ris na daoine ràimh a chur a mach agus an t-eathar a chumail air falbh o chliathaich a' bhàta, 's rinn iad sin. Dh'eubh cuideigin air a' *bhoat deck* ris na daoine anns an eathar iad a dh'fhuireach ri cliathaich a' bhàta. Dh'fhan an t-eathar an sin agus chaidh i 'na spealgan ri cliathaich a' bhàta.

"Shreap mi suas an *after gripe* chun a' *bhoat deck*, 's chaidh mi sìos dha'n gheilidh, 's thill mi nuairsin dha'n *bhoat deck*, air an làimh chlì far an robh eathar eile air na *davits*. Chunnaic mi nach robh math sam bith an t-eathar sin a leigeil sìos o'n a bha i air taobh an fhuaraidh."

Chaidh an Dòmhnallach a mach air a deireadh, agus rinn e na creagan dheth.

'Se cheud rud bu chòir tachairt nuair a bhios soitheach ann an tubaist gun téid SOS a chur a mach. Bha an Telegraphist, Welch, aig ceann a ghnothaich aig a' *wireless* bho leth-uair an déidh uair 'sa mhadainn agus cho luath 's a bhuail an *Iolaire* dh'fheuch e ri fios a chur a Steòrnabhagh. Dh'fhaillich air faighinn troimhe.

Dh'innis e dé rinn e an uairsin:

"Thug mi sùil air an uidheam 's fhuair mi a h-uile càil ann an òrdugh, agus chaidh mi an uairsin sios dha'n *engine-room* a dh'fheuchainn an robh càil ceàrr an sin. Bha'n *dynamo* ceart gu leòr. Chaidh mi air ais dha'n *wireless cabin* 's dh'fheuch mi rithist air a' *wireless* fhaighinn gu dol. Thàinig an Comanndair a nuas dha'n chèibein agus thubhairt e rium comharra duilgheadais a chur a mach. Dh'innis mi dha gu robh a' *wireless* briste 's dh'fheuch mi ri *set* a dhèanamh an àirde mi fhìn. Dh'fhuirich mi shìos an sin airson leth-uair a thìde . . . thoisich am bàta air briseadh an uairsin. Chaidh mi chun na drochaid 's dh'innis mi do Chotter mar a bha 's chunnaic mi an uairsin an *deck insulator* a' falbh . . ."

Chaidh Welch sios gu deireadh na soithich agus chunnaic e an ròp a bh'air a chur gu tìr. Thubhairt e ris fhéin nach robh càil air a shon ach leum a mach air a' mhuir gus am faigheadh e greim air an ròp seo.

Carson a leum e mach? Nach robh e na b'fhasa dha greim a ghabhail air an ròp agus e stigh air bòrd?

"Bha mi faicinn gum bitheadh e do-dhèanta faighinn gu ceann an ròpa 's dìreach leum mi thuige."

Robh duine tuilleadh ri dol sìos an ròp?

"Cha robh. Bha iad fèir 'nan seasamh aig a cheann. Dh'eubh mi riutha leum ach bha iad mar nach bitheadh iad aca fhéin."

Bha an fheadhainn a bha 'nan seasamh an sin air a bhith fad uair a thìde a' coimhead na chaidh chun an ròpa, 's gun a' chuid mhór dhiubh ach a' dol gu am bàs anns a' mhuir, fodhpa . . .

Chaidh faighneachd do Welch am fac e an Comanndair Mason an déidh dha'n *Iolaire* bualadh. Thubhairt e gu fac:

"Bha'm bàta an déidh bualadh 's a' teannadh ri briseadh. Bha e coimhead draghail."

Thachair seo, thubhairt Welch, eadar deich mionaidean agus cairteal na h-uaireach an déidh dha'n t-soitheach bualadh . . .

Thug Adams, fear dhe'n chriutha, a bheatha aisde cuideachd, agus thubhairt esan gun deach an ròp a ghluasad suas bho dheireadh na h-*Iolaire* gu bhith an sàs air fear dhe na *davits* aig a' bhàta-teasairginn mu dheireadh. Mar tha fios againn, 'se fear a Uige a rinn seo.

Sin mar a bha: faisg air trì cheud duine gham bàthadh ris a' chladach aig Ceann Thuilm agus gun chobhair sam bith ri tighinn thuc bho mhuir no bho thìr. Gu dé na smuaintean uamhasach a bh'aig balaich an Researbh, iad air am fàgail ann a siud ri cothrom na fairge — càch air tìr, blàth agus tèaruinte, ri toirt a steach na Bliadhn' Uire?

Càit an robh am bàta-teasairginn? Innsidh an Lieut. Moireach dhuinn; bha esan 'na oifigeir air tìr anns a' Bhase agus chuir e brath gu

Admiral Boyle mu dheidhinn nan oidhirpean a rinn esan:

"Mu chairteal gu trì anns a' mhadainn rinn mi mar a chaidh òrdachadh dhomh, agus dhùisg mi Rùnaire a' bhàta-teasairginn. Bha e tinn, agus cha b'urrainn dha cus cobhair a dhèanamh oirnn, ach shìn e thugam an iuchair agus stiùir e mi gu tigh a' Chogsain. Ràinig mi sin mu dheireadh 's thill mi 'ach an deidheadh na lampaichean a lasadh ann an stèisean a' bhàta-teasairginn.

"Bha mu fhichead mionaid air a dhol seachad nuair a thàinig an Rùnaire 's an Cogsan agus trì saighdearan. Dh'innis iad dhomh nach robh an còrr air sgial airson am bàta-teasairginn a chur a mach. Dh'fhàg mi cùisean an urra ris an Rùnaire 's thill mi thugaibh-se. Bha e an uairsin mu leth-uair an déidh a ceithir."

Bha an *Iolaire* an déidh a dhol fodha mus do chruinnich am beagan a thàinig a mach airson a' bhàta-teasairginn . . .

Co-dhiù, cha robh innte ach eathar le ràimh agus cha robh i air a bhith gu feum sam bith; ged a bhitheadh i air faighinn a mach ann an tìde, cha robh e'n comas dhi a dhol faisg air an *Iolaire* idir far an robh i; cia mheud duine a b'urrainn dhi shàbhaladh ged a bhitheadh?

Agus tha rud eile ann cuideachd, mus bithear ri faighinn cus coire do mhuinntir a' bhàta-teasairginn — bha e air a thuigse anns a' bhaile gu robh a' Néibhi os cionn nan gnothaichean seo fad a' Chogaidh. Ach, feum innte no chaochladh, faodar faighneachd: carson a thug Boyle faisg air uair a thìde mus do chuir e gha h-iarraidh?

Chaidh am *Budding Rose* a mach anns a' bhad nuair a chunnaic an sgiobair aice, Lieut. Wenlock, a' cheud rocaid, agus seo mar a dh'innis esan:

"Mu chóig mionaidean gu dà uair 'sa mhadainn, air bòrd a' *Bhudding Rose*, chunnaic mi rocaid 's chaidh mi anns a' bhad a dh'fhaicinn dé bha dol. Rinn mi air an àite anns an robh mi'n dùil a bha na rocaidean gan leigeil 's fhuair mi soitheach ann an éiginn air Biastan Thuilm, ach cha b'urrainn dhomh cuideachadh sam bith a thoirt dhi leis an fhairge. Ràinig mi glé fhaisg air far an robh na tonnan a' briseadh, ach bha e do-dhèanta dhomh faighinn chun na soithich air dhòigh air bith. Thill mi thugaibh-se an uairsin, agus o'n a dh'iarr sibh orm chaidh mi a mach a rithist 's dh'fhan mi faisg air làimh gus an do shoilleirich an latha."

Chaidh faisg air uair a thìde seachad mus do chuir Boyle fios air a' bhàta-teasairginn agus air uidheam teasairginn; 's dòcha gu robh e fuireach gus an tilleadh Wenlock a dh'ìnnse dha staid na h-*Iolaire*.

Anns a' mhadainn shàbhail Wenlock Dòmhnall Moireasdan, balach òg a Nis, a chuir an oidhche seachad anns a' chrann. Chaidh e steach le eathar beag agus leum Dòmhnall sios innte mar cat, ged a bha e air an oidhche uamhasach a bha siud a chaitheamh slaodte ris a' chrann . . .

Aig deireadh gnothaich, sgrìobh Wenlock:

"Bu mhath leam a thoirt fa ur comhair gu robh mi aig an t-soitheach an taobh a stigh de leth-uair a thìde an déidh dha'n cheud rocaid a bhith air a losgadh, agus nuair a dh'fhalbh an rocaid mu dheireadh bha mi cho faisg air an *Iolaire* 's a ghabhadh dèanamh, a' gabhail fainear aig an aon àm gu feumadh an t-soitheach agam fhìn a bhith tèaruinte, 's an fhairge cho dona."

Cha robh Wenlock idir airson gu faodadh duine sam bith a ràdh nach do rinn e a h-uile càil a b'urrainn dha, beag 's mar a bha e.

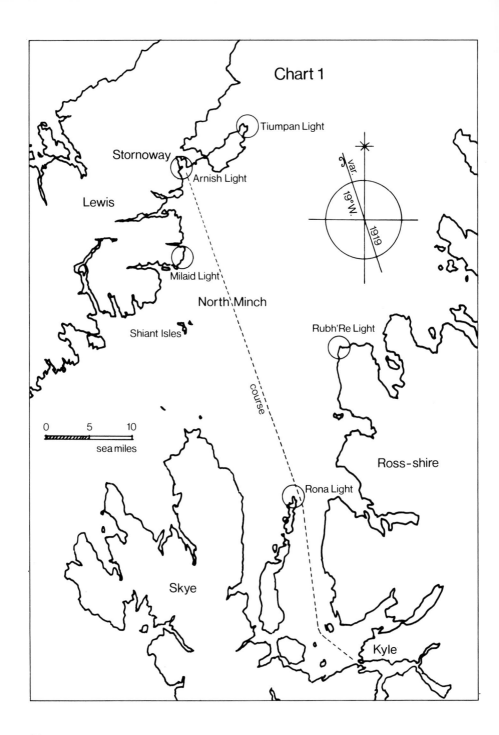

Chart 1

Tiumpan Light

Stornoway

Arnish Light

Lewis

Milaid Light

North Minch

Shiant Isles

Rubh'Re Light

var

19°W.

1919

course

Ross-shire

0   5   10

sea miles

Rona Light

Skye

Kyle

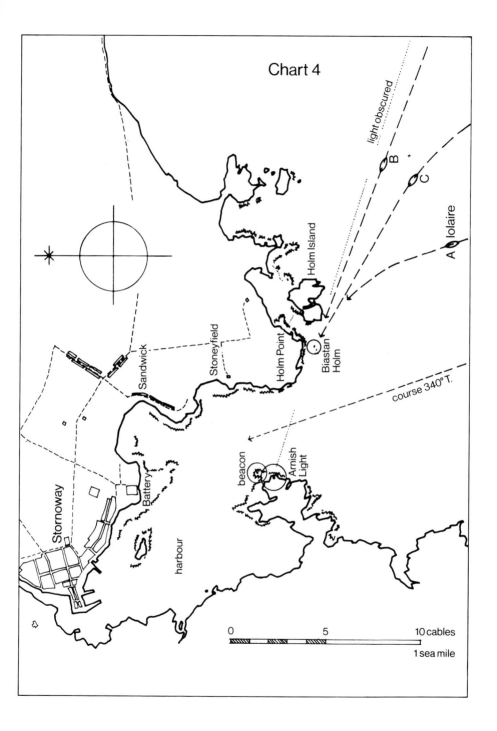

Chart 4

light obscured

B

C

A Iolaire

Holm Island

Holm Point

Biastan Holm

course 340° T.

Sandwick

Stoneyfield

beacon

Arnish Light

Stornoway

Battery

harbour

0   5   10 cables

1 sea mile

Tha e soilleir nach robh goireasan ann a dhèanadh sàbhaladh no cuideachadh bho thaobh na mara. Ach dé mu dheidhinn saorsa bho thaobh an fhearainn? Bha uidheam teasairginn aig Luchd-dìon a' Chladaich shìos aig a' Bhataraidh. Bha seo fo ùghdarras D.C.O. Boxall. Bha esan agus na bha'n urra ris an uidheam teasairginn 'nan cadal anns na tighean aca fhéin nuair a thachair an tubaist. Seo mar a thubhairt Boxall:

"Aig fichead mionaid an déidh a trì anns a' mhadainn air latha na Bliadhn' Uire chaidh eubhach a mach orm agus chaidh ìnnse dhomh gun d'fhuaradh òrdugh bhuaibh-se (Admiral Boyle) an uidheam teasairginn a thoirt a mach gun dàil 's bàta air a dhol air tìr aig Rubha Thuilm.

"Thubhairt mi ris an fhear a thàinig leis an òrdugh a ràdh ri Chief Officer Barnes an sgioba a ghairm a mach agus an cur a dh'iarraidh nan each mura robh iad air sin a dhèanamh mar-tha. Dh'innis Barnes dhomh nach robh na h-eich air tighinn fhathast agus nach robh sgial aige ach air triùir dhe'n bhuidheann teasairginn.

"Dh'iarr mi an uairsin de dhaoine na dhèanamh a' chùis as aonais nan each. Thug an t-oifigeir a bha ri faire dhomh naodh duine deug 's dh'fhalbh sinn leis an uidheam teasairginn mu dheich mionaidean gu ceithir. Thàinig an duine leis an each as ar déidh a rithist.

"Chaidh Barnes air an rathad leis an uidheam teasairginn, ach 'sann slaodach, air sgàth an dorchadais agus na droch shìd. Mu dheireadh thall, nuair a thàinig fear thugam le biùgan, ràinig mi Tigh Tac Stoneyfield agus thubhairt fear dhe na shàbhail a bha ann a sin gu robh an *Iolaire* air a dhol as an rathad.

"Dh'fhuirich mi sin greis; bha dùil agam cur a dh'iarraidh dotair cho luath 's a thigeadh an latha, agus mi fhìn a dhol sìos a shealltainn timcheall air a' chall, ach mus do bhris an latha thàinig dotair na Néibhi agus dithis eile. Fhritheal iad an fheadhainn a shàbhail, ri cur cuid ac suas ann an carbad.

"Cho luath 's a chitheadh sinn càil idir, dh'fhalbh mi fhìn agus an dà oifigeir Néibhi sìos taobh a' chladaich, agus sinn ri lorg dé gheibheadh sinn. Fhair mi duine 'na laighe far an robh e air failleachadh air an Tac a dhèanamh dheth; sheall a' Surgeon ris ach bha e air bàsachadh.

"Lean mi orm chun na h-*Iolaire*; cha robh càil ri fhaicinn ach bristealan. Thill buidheann nan rocaidean, còmhla ri Barnes, gun càil a lorg."

Chaidh fios a chur air Barnes an toiseach aig trì uairean 'sa mhadainn; bha seo beagan is uair a thìde an déidh dha'n tubaist tachairt. Seo mar a thachair dha-san:

"Thàinig fios aig trì uairean 'sa mhadainn bho'n Rear Admiral ag iarraidh an LSA a chur a mach gu Rubha Thuilm, gu robh 'Duilgheadas air Bàta' aice. Chaidh LSA a chur a mach cho luath 's a ghabhadh; dh'iarradh grunn dhaoine bho'n Néibhi air sgath cho dòna 's a bha'n talamh; cha ghabhadh cairt an LSA a thoirt faisg gu leòr air an tubaist agus thigeadh oirnn na goireasan a thogail leinn.

"Nuair a ràinig sinn cho faisg 's a ghabhadh leis a' chairt, chaidh mi fhìn air adhart le dithis eile (fear ac a seo fhéin 's e eòlach) gus an lorgamaid an t-soitheach. Fhuair mi móran bhristealan ach chan fhaca mi sealladh dhe'n t-soitheach idir. Lean mi'n cladach cuideachd gun fhios nach robh duine beò no marbh ri tìr, ach chan fhaca mi duine.

"Cha robh e furasd seo a dhèanamh idir; bha am muir garg agus ri bualadh air na creagan air dhòigh 's nach fhaigheadh tu faisg air a' chladach. An déidh siubhal airson ùine mhath, thill mi leis an LSA."

Chan eil teagamh sam bith nach robh sgioba an LSA air cuideachadh a thoirt dha'n fheadhainn a bh'air an *Iolaire* nan robh e air a bhith comasach dhaibh faighinn thuice ann an tìde; ged nach bitheadh ann ach tuilleach ròpan a chur a steach air bòrd innte.

'Se a' cheist a dh'fheumas sinn fhaighneachd — an dùil an robh e comasach dha sgioba an LSA ruighinn an *Iolaire* nam bitheadh iad air an eubhach a mach cho luath 's a chaidh faicinn a' cheud rocaid?

Feumaidh sinn cuimhneachadh gu robh sgioba an LSA aig na tighean aca fhéin, sgapte air feadh Steòrnabhaigh; cha robh fònaichean ac, agus dh'fheumadh iad an toiseach a dhol chun a' Bhataraidh; nuair a ruigeadh iad sin, bhitheadh ac ri feitheamh ris na h-eich a bha dol a tharraing na cairteach leis an LSA. Chan eil rathad ann a mach gu Ceann Thuilm, agus bha seo a' ciallachadh gur ann ri slaodadh cairt an LSA a bhitheadh iad air a' cheann mu dheireadh; agus bha i tonna chuideam. Bha'n oidhche uamhasach, le dorchadas, gèile gaoithe agus uisge.

Chaidh an *Iolaire* air na creagan aig 1.55 'sa mhadainn. Chaidh fios a chur chun an oifigeir aig a' Bhataraidh aig 2.10 'sa mhadainn an LSA eubhach a mach. Thubhairt Ainsdale, Oifigeir na Faire aig a' Bhataraidh, gun do chuir e fios air Barnes aig 2.10. Tha Barnes ri 'g ràdh nach deach esan a dhùsgadh gu trì uairean.

Ach bha iomadh bacadh air an LSA — daoine ri'n lorg agus each ri fhaighinn — ged nach bitheadh call tìde ann cuideachd. Is e an LSA an aon chothrom bochd a bh'aig na bh'air an *Iolaire*; ach feumaidh sinn cuimhneachadh nach eil cinnt sam bith gu robh sgioba an LSA air faighinn faisg gu leòr air an tubaist airson feum a dhèanamh, co-dhiù ann an tìde, ge b'e dé cho luath 's a bhiodh iad air tionndadh a mach.

Canaidh sinn gun deach uair a thìde a chall mus deach eubhach air an LSA. Thug an sgioba 50 mionaid mus do dh'fhàg iad am Bataraidh idir — agus bha sin mus tàinig an t-each, agus balaich na Néibhi ri slaodadh na cairteach. Bha ac ri dhol mìle gu ceann rathad Shanndabhaig, agus an uairsin ri dhol tarsainn an fhearainn a mach gu Ceann Thuilm.

Cha do sheas an *Iolaire* ach eadar uair a thìde agus uair a thìde gu leth ris an fhairge; bha i fodha roimh 3.30. Ged a bhitheadh cairt an LSA air fàgail aig dà uair (agus cha ghabhadh seo dèanamh) bhitheadh e glé iongantach gu robh i air ruighinn Ceann Thuilm mus deach an *Iolaire* sìos. Agus, a réir eachdraidh, cha do ràinig a' chairt bàrr na creige a riamh. Dh'fhaillich seo orra.

Tha e ri aideachadh gu robh dìth ghoireasan agus dìth tìde ann. Ach, chaidh cùisean a mach a rian nuair a chuireadh na bha siud de dhaoine air bòrd na h-*Iolaire* thall anns a' Chaol; nuair a thachair an tubaist ris nach robh dùil, cha robh càil ann a ghabhadh dèanamh.

Feumaidh sinn a bhith cur na coire air muinntir na Néibhi shìos ann an Sasuinn, a chuir dhachaidh na ceudan air fòrladh agus nach do rinn oidhirp cheart airson a bhith cinnteach gu faigheadh iad a null sàbhailte.

Cha b'e seo a' cheud uair a sheall riaghaltas Bhreatainn gu robh iad coma co-dhiù a thaobh beathannan muinntir na Gaidhealtachd . . .

Cha robh móran tuilleadh ann a ghabhadh ìnnse dha na h-oifigeirean a bha cumail an Rannsachaidh. Chuir iad an cinn ri chéile agus sgrìobh iad an rud a lorg iad gu Admiral Boyle:

"Rannsaich sinn gu mionaideach na cùisean timcheall air call na h-*Iolaire* agus tha sinn dhe'n bheachd gun deach an *Iolaire* air tìr air Biastan Thuilm timcheall air deich mionaidean gu dhà air madainn na Bliadhn' Uire, gun do dhrioft i an uairsin chun a' chladaich, Tuath air na creagan, agus gun deach i as an rathad. Chan eil dearbhadh sam bith ann a sheallas ciamar a thachair an tubaist, air sgàth 's nach do shàbhail duine dhe na h-oifigeirean, an stiùireadair no am fear-faire a bh'air deic aig an àm, agus chan urrainn dhuinn a ràdh gu robh coire aig duine sam bith 'sa chùis.

"Tha sinn cuideachd dhe'n bheachd nach deach oidhirp cheart sam bith a dhèanamh a thaobh sàbhaladh an fheadhainn a bh'air bòrd; cha deach càil a dhèanamh ach losgadh rocaidean agus sholus ghorm agus séideadh na feadaig. Tha e coltach gun deach na h-eathraichean a chur sios gun òrdugh agus gun chomhairle. Chaidh ròp a chur gu tìr bho deireadh. Thàinig òrdugh a rithist an ròp a thoirt suas gu meadhon-soithich airson tuilleadh fasgaidh fhaighinn."

Chan eil seo ri 'g ràdh móran — ach, "Chan eil fios againn dé chaidh ceàrr." An dùil dé bha a' Néibhi air a dhèanamh nam bitheadh duine dhe na h-oifigeirean air a thighinn aisde sàbhailte? Cha mhór nach saoil thu gu robh a' Néibhi toilichte nach do thachair seo. Agus, a thaobh gluasad an ròp — chan eil e cinnteach idir gun tàinig òrdugh sam bith bho'n drochaid airson seo a dhèanamh. 'Se balach a Uig a ghluais an ròp.

Chuir Admiral Boyle air falbh na pàipearan aig a' Chùirt Rannsachaidh a Lunnainn 'sa bhad, agus chuir e litir 'nan cois:

"A réir na tha leis an litir seo chan fhaicear càil sam bith a dh'fhaodar a ràdh a dh'aobhraich an tubaist. Cha do shàbhail duine dhe na bh'air an drochaid aig an àm.

"Bha iomraidhean ri dol timcheall mu dheidhinn staid nan oifigeirean. Tha e soilleir gun do thòisich seo air sgàth 's gun do bhuail an *Iolaire* anns a' chidhe agus i tighinn a steach dha'n Chaol. Bha i tionndadh ris a' chidhe 's a ceann chun na làimhe deise — rud nach eil furasd — agus cha deach feart gu leòr a thoirt dha'n tìde-mhara agus bha i dol rud beag ro luath. Cha robh an seo ach dìth tuigse, chan e dìth faicill.

"Chunnaic sgiobair na *Sheila* seo agus 'se sin a bheachd-san. Thubhairt e rium cuideachd gu fac e an *Iolaire* ri fàgail a' chidhe an déidh toirt nan seòladairean air bòrd agus tha e dhe'n bheachd gun deach a làimhseachadh gu math. Tha an dearbhadh ri sealltainn nach eil fìrinn sam bith 'san iomradh.

"Cha robh dùil idir ris na daoine a thàinig dha'n Chaol. Rinn an *Iolaire* dà thurus dhe'n t-seòrsa aig an Nollaig le Lieut. Skinner agus leth-chriutha.

"A chionn gu robh na seòladairean a' gabhail fadachd, le leithid a mhiann ac airson a' Bhliadhn' Ur a chur seachad aig an tigh, bha e nàdurrach gu leòr gun toireadh an sgiobair Mason leis àireamh mhór dhe'n mheud seo, ged nach robh de bhàtaichean no de chòmhdach teasairginn ann na dhèanadh an gnothaich ann an éiginn."

Chaidh an fhianuis gu léir a sgrùdadh leis an Fhear-stiùiridh airson Maraireachd, gus am faigheadh e air beachd a thoirt air na cùrsan deireannach aig an *Iolaire*. Seo an aithisg aige-san:

"Tha e coltach gur ann mar seo a bha cùisean suas gu àm na tubaist seo, ach tha an fhianuis gu math mì-chinnteach agus aig amannan tha cuid dhith a' dol an aghaidh na cuid eile. Dh'fhàg an *Iolaire* an Caol, agus aig a h-astar àbhaisteach, deich mìle-mara, bu chòir dhi bhith air Gob a Tuath Rònaidh a Deas a chur as a déidh mu chóig mionaidean gu deich as t-oidhche. Chaidh cùrsa a dhèanamh an uairsin gu Tuath, dà neogag chun an Ear. Aig leth-uair an déidh mheadhon-oidhche, agus i an Ear-dheas air Ceann Mhileid, dh'atharraicheadh e gu Tuath, agus chumadh aig a sin e gu goirid mus do bhuail i, nuair a chaidh atharrachadh, a réir pàirt dhe'n fhianuis, gu taobh na làimhe clì le bhith dol a steach dha'n bhàgh.

"Bha an oidhche dorch ach bha i soilleir, le gaoth fhionnar bho'n Deas an toiseach; ach an déidh leth-uair an déidh mheadhon-oidhche tha e coltach gu robh oiteagan gaoithe agus smugrach uisge ann, ged nach robh seo a' cur stad air tigh-soluis Arnais a bhith ri fhaicinn bho astar nach bu mhór.

"Tha mi creidsinn gun do ghabhadh an cùrsa a ghabhadh aig leth-uair an déidh mheadhon-oidhche airson a toirt gu meadhon bial a' bhàigh. Ach anns an dusan mìle astair o'n àm sin, tha e coimhead coltach — ma chaidh an cùrsa atharrachadh dìreach mus do bhuail i, mar a chaidh a ràdh ann am pàirt dhe'n fhianuis — gu robh an t-soitheach suidhichte mu shia càbaill chun an Ear. Chan eil sin cus, agus chan eil e a' nochdadh droch mharaireachd.

"Tha bial a' bhàigh ann an Steòrnabhagh air a chomharrachadh le dà sholus faisg air a chéile air an taobh chlì, agus nuair a thathar faisg air trì mìle bho'n bhial chan eil solus eile ri fhaicinn ris an togar cùrsa. Mar sin, tha soitheach a' tighinn a steach dha'n bhàgh chumhang seo — chan eil ach 700 slat de dh'fharsaingeachd anns a' bhial — leis an dà sholus sin (Rubha Arnais agus Sgeir Arnais).

"Tha e coimhead coltach gur e a dh'aobhraich an tubaist seo gun do dh'atharraich an Comanndair an cùrsa, nuair a fhuair e e fhéin an Ear air far an robh e ag iarraidh a bhith, airson a dhol seachad faisg air tigh-soluis Arnais; ach air sàilleabh mar a ghabh e fosgladh na h-acarsaid, 'sann a thug an cùrsa seo faisg air Rubha Thuilm e. Bha e na b'fhaide bho sholus Rubha Arnais na bha e'n dùil (bhitheadh buaidh aig an smugraich uisge air an t-soilleireachd), agus an àite fuireach cuidhteas Rubha Thuilm 'sann a bhuail an t-soitheach an sgeir aig Biastan Thuilm.

"A chionn gu bheil an fhianuis a thaobh an atharrachaidh mu dheireadh air a' chursa is na h-uiread dhith an aghaidh na cuid eile, cha ghabh e ìnnse le cinnt an e seo gun teagamh a thachair, ach 'se am mineachadh as coltaiche."

*"Bha an Rannsachadh air fad
coltach ri cùirt lagha, 's a'
Néibhi ga feuchainn . . ."*

4 Cùirt Rannsachaidh Fhollaiseach

Tha fios gu robh a h-uile duine ann an Leódhas ri feitheamh ris an Rannsachadh Fhollaiseach a chaidh òrdachadh airson faighinn a mach dé thachair dha'n *Iolaire* — mar gum biodh seo ri dol a thoirt saorsa air choireigin dha'n fheadhainn a bha caoidh, agus dha'n fheadhainn a bha gu bhith as an ciall leis a' ghràin a ghabh iad air a' Néibhi.

Feumar cuimhneachadh gu robh a' Néibhi air cumail Rannsachadh iad fhéin mìos roimhe seo — agus nach do leig iad càil orra mu dheidhinn dé fhuair iad a mach a thaobh a' chall. Bha seo ri toirt air daoine a bhith smaoineachadh gu robh coire mhór air choireigin aig a' Néibhi ris an tubaist agus gu robh iad airson seo a chleith air muinntir Leódhais.

Mar as tric a thachras, 'se deoch is drongaireachd a bh'air aire an t-sluaigh aig an àm — gu robh na h-oifigeirean air bòrd na h-*Iolaire* ghan dalladh. Carson a dheidheadh duine sam bith dha'n àite dha'n tug e i mura robh rudeigin ceàrr air?

Chan eil teagamh nach robh cionta air inntinnean muinntir Leódhais cuideachd, agus cionta nach bu bheag. Mar tha fios againn, tha a leithid seo glé thric ceangailte ris a' bhàs. Nach robh sinn gu sunndach ri toirt a steach na Bliadhn' Uire fhad 's a bha balaich an Eilein gham bàthadh mar phiseagan aig Biastan Thuilm?

Chuair Comhairle Baile Steòrnabhaigh litir chun an Ard-Mharaiche ann an Lunnainn dà latha an déidh dha'n tubaist tachairt:

"This Town Council deeply deplores the appalling disaster which happened to HM Iolaire at the entrance of Stornoway Harbour on 1st January, by which over 200 lives were lost under the most tragic circumstances, and express on their behalf and in the name of the community their profound sympathy with the dependants and relatives of our brave sailors who perished on the threshold of their homes as they were looking forward to a happy reunion with their loved ones after a prolonged period of war service, and they demand of the responsible authority the strictest investigation into all the circumstances attending the catastrophe and the responsibility attached thereto."

Mar tha fios againn, cha tug Cùirt Rannsachaidh na Néibhi cobhair sam bith, air sgàth nach do dh'innis iad dha'n t-sluagh dé fhuair iad a mach.

Cha robh càil ri dol a riarachadh muinntir Leódhais ach gun cumte Cùirt Rannsachaidh Fhollaiseach, agus chaidh seo a chur air chois mu dheireadh air an deicheamh latha dhe'n Fhaoilleach ann an Tigh na Cùirteach ann an Steòrnabhagh.

Thàinig air an *Lord Advocate* ann an Dun Eideann an Rannsachadh a chur air adhart — ach mus do rinn esan seo chuir e fios chun an Ard-Mharaiche ann an Lunnainn a dh'fhaighneachd an robh càil aig a' Néibhi an aghaidh seo. (Faodaidh sinn ar beachdan fhìn a chur air a' ghnothaich seo — gu robh an t-Ard-Fhear-Lagha ann an Alba ri smaoineachadh gu feumadh e cead fhaotainn bho'n Néibhi mus cuireadh e Rannsachadh Follaiseach air chois 'na rìoghachd fhéin.)

Seo agaibh mar a thubhairt a' Néibhi mu chumail na Cùirt Rannsachaidh ann am pàipear a chaidh a chumail air falach airson leth-cheud bliadhna:

"Submitted for information at this stage. This paper will be further circulated for departmental consideration and will if necessary be resubmitted.

"The Lord Advocate having been urged to hold a public enquiry was desirous, if the Admiralty saw no objections, of acceding to the requests which came in from a number of public authorities in the Lewis. He thought the best course was to hold a Fatal Accidents Enquiry which will be conducted by the Sheriff. The Procurator Fiscal will examine the witnesses and other interested parties may appear. The Lord Advocate suggested as a possibility that the shore lights might not have been in order. The proposed enquiry will be able to investigate the facts as to this.

"With the approval of the 2nd Sea Lord, I informed the Lord Advocate that the Admiralty would offer no objection to such an enquiry as he proposed."

Chan e mhàin gu bheil an t-Ard-Fhear-Lagha, mar gum bitheadh, ag iarraidh cead bho'n Néibhi an Rannsachadh a chumail, tha e 'g ràdh riutha gur math dh'fhaodte gur e na soluis a bha mach a òrdugh, ri lorg leisgeil do mhuinntir na Néibhi airson na tubaist.

Thàinig an uairsin ceist eile a dh'inntinn an Ard-Mharaiche: an dùil am b'fheàrr dha cuideigin a chur dha'n Rannsachadh a sheasadh airson na Néibhi? Dh'aontaich iad gum b'fheàrr, agus chaidh fios a chur gu Tómas MacIlleMhìcheil, fear-lagha aig a' Néibhi ann an Dun Eideann, e cur seo air chois. An ceann latha no dhà, dh'aontaich iad cuideachd gun cuireadh iad gu MacIlleMhìcheil pàipearan Cùirt Rannsachaidh na Néibhi — gu faodadh esan am faicinn, ged a bha iad 'Restricted'.

Thug MacIlleMhìcheil òrdugh do J.C. Pitman, Dun Eideann agus W.A. Ross, Steòrnabhagh, iad a sheasamh airson na Néibhi aig an Rannsachadh.

Sheas J.C. Fenton agus C.G. MacKenzie airson a' Chrùin. Chuir cuid dhe na shàbhail agus teaghlaichean an fheadhainn a bhàthadh J.N. Anderson, fear-lagha a Steòrnabhagh, air adhart as an leth fhéin.

Caidh seachdnar luchd-breith a thogail, a h-uile fear a Steòrnabhagh. (Carson gu léir a Steòrnabhagh?)

B'iadsan Calum MacIlleathain; A.R. Moireach; Calum Ros; Seòras Moireasdan; Iain Ros; Coinneach MacCoinnich agus Aonghas MacLeòid.

'Se an Comanndair Walsh, fear a' Chaoil, a' cheud fhianuis a chual iad. Cha do rinn Walsh móran leudachaidh air na bha e air toirt seachad mar-tha aig Cùirt Rannsachaidh na Néibhi — ach a mhàin nach fhac e càil a choltas deoch air duine de dh'oifigeirean na h-*Iolaire*.

Chan eil teagamh nach robh an luchd-éisdeachd toilichte seo a chluinntinn — co-dhiù an fheadhainn aca bha gha chreidsinn. (Tha daoine ann fhathast nach creid gu robh criutha na h-*Iolaire* sòbarr, ged nach robh fianuis idir ann a chanadh nach robh iad mar bu chòir dhaibh a bhith, co-dhiù a thaobh deoch.)

Ach bha fianuis eile ann a seo a thaobh 'obair na deoch'. Seo fear dhe na portairean anns a' Chaol, agus thubhairt esan nach fhac e càil a choltas deoch air duine a bh'ann — air criutha no air luchd-siubhail — agus canaidh cuid gur e rud math a bha seo cuideachd; 'se sin, cluinntinn gu robh an luchd-siubhail sòbarr. Oir tha feadhainn air an taobh a muigh a bha saoilsinn gum biodh balaich nan Eilean leis an deoch aig a' Bhliadhn' Uir co-dhiù.

Seo an rud a thubhairt Dòmhnall Caimbeul, am portair:

"Cha robh càil a choltas deoch air na balaich nuair a thàinig iad bho'n trèine. Bha bàr anns a' bhaile, ach cha robh gha reic ann ach lionn, agus 'se droch theans gun d'fhuair duine dhe na seòladairean faisg air. Agus chan fhacas duine de chriutha na h-*Iolaire* 'sa bhaile an latha ud nas mò."

Bha fathann eile ri dol aig an àm; fathann a bha 'g ràdh gun tàinig air Boyle an dàrna teileagram a chur gu Mason anns a' Chaol, agus Mason air diùltadh na bha siud de dhaoine thoirt leis. Thubhairt Walsh nach robh criomag fìrinn ann a seo — nach tàinig ach aon teileagram gu Mason 'sa Chaol; agus dh'fheumadh teileagram sam bith a dhol troimh làmhan Walsh an toiseach.

Is iongantach gu robh an dàrna teileagram idir ann. Gun teagamh, thubhairt Boyle ris an Ard-Mharaiche ann an Lunnainn gun tàinig mòran a bharrachd dha'n Chaol na bha dùil ac ris.

Bha ceist eile ann, a bha 'g iarraidh freagairt mus tòisichte ri rannsachadh dé chaidh ceàrr — 'se sin, carson a bhuail an *Iolaire* anns a' chidhe nuair a bha i tighinn a steach dha'n Chaol air feasgar na Bliadhn' Uire?

Dh'eubh iad air Caiptean Camshron, sgiobair na *Sheila*, chun na Cùirt Fhollaisich, agus is e sin té dhe na ceud cheistean a chaidh a chur air.

Fhreagair esan:

"Tha sruth teann anns a' Chaol uaireannan, agus chan eil e'n aon nì anns a h-uile pìos dhe'n chaolas, 's bhitheadh e glé bhuailteach do bhàta bualadh anns a' chidhe, fiù 's ged a bhitheadh maraiche gu math faiceallach agus fiosrach aig an stiùir, agus seachd-àraid fear nach robh riamh air bàta thoirt a steach chun a' chidhe roimhe sin."

Bruidhinn esan cuideachd air a' chuspair eile:

"Chunnaic mi duine no dithis dhe na h-oifigeirean 's dhe'n chriutha 's cha robh càil a choltas gu robh duine aca fo bhuaidh deoch.

"Chunnaic mi an *Iolaire* a' falbh ann an deagh riochd mara. Dh'fhàg sinn an Caol aig cairteal gu naodh mu uair a thìde as a déidh."

Chaidh Camshron a cheasnachadh a thaobh a' chùrsa cheart eadar an Caol agus Steòrnabhagh:

C: Tha fianuis againn gun deach i seachad an Ear air na h-Eileanan Móra?

F: Well, sin far am bu chòir dhi dhol seachad.

C: Fhuair sinn fianuis o fhear na stiùireach, nuair a ghabh e a' chuibhle aig meadhon-oidhche, gu robh an cùrsa gu Tuath agus beagan an Ear air a sin?

F: Bhitheadh an cùrsa m'an tuaiream sin.

C: Dé am *magnetic variation* a th'ann an dràsda?

F: 11°22'.

C: Bha e ri ràdh gun deach cùrsa na soithich atharrachadh gu Tuath *magnetic* aig leth-uair an déidh mheadhon-oidhche?

F: Bha sin rianail gu leòr cuideachd. 'S aithne dhomh an cùrsa sin glé mhath. Tha mi air a bhith ga ghabhail airson bliadhna no dhà.

C: An déidh dha'n *Iolaire* dhol seachad air a' Chàbaig, bha i stiùireadh gu Tuath 's cairteal chun an Iar?

F: Chan eil sin fada mach nas mò. Stiùir mise Tuath fad na slighe tarsainn an oidhche sin.

C: Nuair a tha thu stiùireadh gu Tuath, càit a bheil solus Arnais o'n bhàta?

F: Mar as trice, bidh an solus agam dìreach romham, ach aig amannan bidh an solus ri fhaicinn pìos an dàrna taobh no an taobh eile, a réir 's mar tha'n tìde-mhara.

C: A bheil acarsaid Steòrnabhaigh duilich faighinn a steach innte air an oidhche?

F: Tha do dhuine nach eil eòlach, do dhuine nach eil air soitheach a thoirt a steach innte — ach glé thric bidh iad a muigh fad na h-oidhche gus am faigh iad poidhleat a bheir a steach iad. Tha'n *Iolaire* nas fhaide na a' *Sheila*. Dh'fhaodadh duilgheadas a bhith ann nam bitheadh e ro fhaisg air an fhearann mum feuchadh e ri tionndadh. Ach rachadh aige air tionndadh gun dragh leth-mhìle o'n chladach, no nas lugha na sin.

C: A bheil e ceart dhomh a ràdh gu bheil thu toirt fianuis gur ann gu Tuath as àbhaist dha'n chùrsa bhith a' dol a Steòrnabhagh as a' Chaol?

F: A Rònaidh a Deas.

C: A' cumail nan Eileanan Móra air an làimh chlì, am bi thu a' dèanamh air solus Arnais cho faisg 's as urrainn dhuit?

F: Bithidh.

C: 'S nuair a tha thu tighinn a steach feumaidh tu falbh o'n chùrsa beagan, airson faighinn timcheall air solus Arnais, agus nuair a gheibh thu timcheall air Eilean na Gobhail tha thu gha cur dìreach a steach chun a' chidhe. Seadh, a' falbh o'n chùrsa beagan, dà thurus?

F: Tha.

C: A bheil thu a' smaoineachadh gu bheil e 'na dhuilgheadas do choigreach anns na h-uisgeachan seo nach eil solus air taobh an Tuilm dhe'n acarsaid?

F: Chan eil mi fhìn a' cur feum air idir. Bidh mi cumail dlùth ri taobh an tigh-sholuis.

C: 'N duil coigreach, nam feumadh e dhol a steach a Steòrna-bhagh anns an dorchadas, 's gu faiceadh e na soluis ach nach robh e furasd dha am fearann fhaicinn?

F: Bhiodh e 'na fheum mhór dha nam bitheadh solus air taobh an Tuilm. Chitheadh e an uairsin nach robh aige ach a dhol a steach eadar an dà sholus.

C: Nam bitheadh tu stiùireadh cùrsa air an Ear-thuath, dé cho fada 's a bheireadh tu an t-soitheach mun atharraicheadh tu cùrsa?

F: Bheirinn i an taobh a stigh de leth-mhìle dha'n Chirc, 's thiginn an uairsin a steach gun dragh.

C: Fiù 's leis a' ghaoith a bh'ann an oidhch' ud?

F: Seadh.

C: An gabhadh e dèanamh an oidhch' ud gum b'urrainn dha'n *Iolaire* tighinn cho fada ris a' Chirc 's an uairsin sìos gu Rubha an Tuilm?

F: Dh'fhaodadh e tachairt; ach 'na mo bheachd-sa bheireadh cùrsa air an Ear-thuath na b'fhaide mach e.

C: Am fanadh e cuidhteas am fearann?

F: Dh'fhanadh, ach thionndaidheadh e 's thigeadh e steach dha'n Tolm.

C: Ma tha thu dà uair a thìde air falbh o'n àite anns an do bhuail i, am bitheadh e freagarrach dhi atharrachadh o'n Ear-thuath chun an Tuath?

F: *Cha do ghabh mi leithid sin de chùrsa riamh.* Nam bitheadh e air a bhith stiùireadh dha'n Ear-thuath, gu fichead mionaid gu dà-reug, 's an uairsin air tionndadh gu Tuath, chan eil mi smaoineachadh gu robh e air bualadh far an do rinn e. Bhitheadh e air a thoirt an Ear air an Tolm buileach. Chan e an Ear-thuath cùrsa air solus Steòrnabhaigh 's chan eil mi'n dùil gu robh aobhar sam bith air a ghabhail.

Ged a chaidh na bha seo a chur a mach aig an Rannsachadh air an *Iolaire* gabhail cùrsa gu'n *Ear-thuath* an déidh fàgail Rònaidh a Deas, 'se ghabh i ach *Tuath, dà degree an Ear*; agus 'se a tha sin ach rud eile.

Thubhairt Camshron gu robh an oidhche cho dona agus gun tug e am fear-faire steach còmhla ris fhéin air an drochaid. Chunnaic e sia no seachd de rocaidean ri dol an àird agus bha e ag ràdh gu fac na ceudan eile iad cuideachd agus iad 'nan seasamh air cidhe Steòrnabhaigh . . .

Chaidh eubhach air Boxall agus air Barnes a rithist, airson innse mu dheidhinn trioblaidean an LSA. Mar a thubhairt Barnes ri muinntir na Néibhi, thubhairt e rithist anns a' Chùirt Fhollaiseach, gun deach a dhùsgadh aig *"three o' clock exact"*, agus e 'na leabaidh ach trì cheud slat air falbh bho'n Bhataraidh. Bha e mach as an tigh ann an cóig mionaidean agus ràinig e am Bataraidh aig cairteal an déidh a trì.

Dh'òrdaich Barnes an uidheam teasairginn a mach agus chuir e Iain MacSuain, fear a Steòrnabhagh a bha 'na bhall de sgioba an LSA, air falbh a dh'iarraidh an eich agus an fhir a bhitheadh leis an each. Dh'fhuirich Barnes fichead mionaid ris an each agus nuair nach tàinig e, dh'iarr e naodh deug de bhalaich na Néibhi air Ainsdale agus shlaod iadsan a' chairt leis an uidheam air falbh bho'n Bhataraidh, sìos gu ceann rathad Shanndabhaig. Dh'fhàg iad am Bataraidh aig deich mionaidean gu ceithir leis a' chairt, agus Barnes leotha.

Thubhairt Boxall nach deach esan a dhùsgadh gu fichead mionaid an déidh a trì, agus nuair a dh'fhàg càch leis an LSA air an rathad chaidh esan timcheall a' chladaich gu Tolm — agus chaidh e air chall 'san dorchadas. Feumar ìnnse nach robh Boxall air a bhith an Steòrnabhagh ach dà mhìos aig an àm; cha robh e fiù air faicinn feadhainn dhe chuid sgioba fhathast.

Ach dé mar a thachair do dh'Iain MacSuain, fear a bha eòlach air an àite? 'Se esan a bhitheadh ri losgadh nan rocaidean agus seo an fhianuis aige-san:

"Chaidh mo ghairm aig deich mionaidean an déidh a trì le W/O Barnes, 's nuair a ràinig mi am Bataraidh chunnaic mi a' chairt 's i deiseil gu falbh. Chaidh iarraidh orm a dhol a dh'iarraidh an dithis chairtear 's na h-eich. Ghairm mi a' cheud chairtear aig leth-uair an déidh a trì. Bha e fuireach air a' Mhol a Deas. 'Se Iain Gorm Dòmhnallach a their iad ris. Còig mionaidean an déidh sin dh'eubh mi air Alasdair Nèill, an cairtear eile. Bha na h-eich gan cumail ann an stàball, còig cheud slat air falbh o'n Bhataraidh.

"Nuair a fhuair mi air ais chun a' Bhataraidh, bha muinntir na Néibhi air a' chairt a shlaodadh gu ceann rathad Shanndabhaig. An uairsin chaidh a toirt mìle gu leth eile gu nas lugha na dà cheud slat o'n t-soitheach. 'S fheudar gum bitheadh e mu chòig uairean a nis.

"Threòraich mi Mgr. Barnes chun na soithich, 's lampa agam far na cairteach. Chunnaic sinn sprùilleach o'n t-soitheach ach chan fhaca sinn aon duine. Chuala sinn eubhach anns an dorchadas, ge-ta. Thachair sinn ri dithis a Sanndabhaig air a' chladach agus thill sinn gu Tigh an Tuilm mu leth-uair an déidh a còig."

Cheasnaich Anderson e a thaobh na tìde a chaidh a chall fhad 's a bha iad ri feitheamh ris na h-eich. Dh'aontaich MacSuain gum bitheadh iad air ruighinn an tubaist aon uair a thìde na b'aithghearra mura bitheadh aca ri feitheamh ris na h-eich. Bha seo air an toirt gu Tolm aig ceithir uairean.

Can gun deach trì-chairteil na h-uaireach eile a chall mus deach fios a chur gu Barnes le Ainsdale agus bhitheadh seo air toirt an LSA, *air a' char a b'fheàrr*, gu Tolm aig cairteal an déidh a trì. Agus bha'n *Iolaire* aig an uair sin fèir ri dol fodha. Chan eil math, a réir sin, a bhith 'g ràdh gun d'rinn dàil an LSA cron mór idir. Agus cuimhnicheamaid gun tàinig air an sgioba a' chairt fhàgail dà cheud slat bho bhàrr na creige mar a bha.

Tha ceist eile a thaobh uidheam teasairginn a bhith air a tarraing le eich. Dé feum a bhitheadh annta-san airson slaodadh uidheam an LSA gu tubaist a bh'air tachairt fad air falbh? Air an Taobh Siar? Aig a' Bhut?

Ged nach robh uidheam teasairginn cho sgiobalta 's a bha'n uairsin air an t-saoghal air faighinn chun na h-*Iolaire* luath gu leòr, feumar faighneachd carson nach deach an LSA eubhach a mach airson uair a thìde an déidh dha'n tubaist tachairt. Seallaidh sinn ri fianuis Ainsdale, oifigeir-faire a' Bhataraidh an oidhche ud:

"Tha cuimhn' agam brath fhaighinn bho Yeoman Saunders mu dheich mionaidean gu dhà 'sa mhadainn ag ràdh gu robh soitheach faisg air Rubha an Tuilm, a' sealltainn solus gorm, 's i 'g iarraidh poidhleat. Dh'fhón mi gu oifis an Admiral ann an tigh-òsda an Imperial a dh'innse sin dhaibh. 'Se am fios-freagairt a fhuair mi gun cuireadh iad a mach poidhleat. Thurchair dhomh-sa dhol a mach an uairsin fèir an déidh a dhà. Mhothaich mi gu robh an t-soitheach caran fada stigh, agus shaoil leam gu robh i air tìr. Dh'fhón mi gu oifis an Admiral 's dh'innis mi sin dhaibh. Chunnaic mi cuideachd rocaid dhearg 's chuir mi brath mu'n sin. Fhuair mi brath o'n Rear Admiral fhéin, sinn a dh'fhaighinn uidheam nan rocaidean deiseil, 's gu robh iad air poidhleat a chur a mach. Bha sin *mus fhaca* mi an rocaid dhearg. Chunnaic mi an té mu dheireadh dhiubh aig fichead mionaid an déidh a dhà. Nochd an uairsin té no dhà de rocaidean geala.

"Fhuair mi fios o'n Admiral fhéin ag iarraidh orm Luchd-dìon a' Chladaich fhaighinn agus uidheam nan rocaidean fhaighinn a mach gun dàil. Bha sin an déidh dhomh innse mu'n cheud rocaid dhearg a chunnaic mi — fichead mionaid an déidh a dhà air a' char as fhaide. Chuir mi fios gu àrd-oifigeir an Luchd-dìon gun dàil agus thàinig e air sàilleabh an fhios sin. (Ach thubhairt Barnes nach deach eubhach air gu trì uairean agus air Boxall aig fichead mionaid an déidh a trì.)

"Chruinnich mi luchd-mara chun a' Bhataraidh gus cuideachadh leis an uidheam teasairginn. Rinn mi sin a chionn gun tubhairt àrd-oifigeir Luchd-dìon a' Chladaich nach b'urrainn dha a chuid dhaoine thoirt a mach. Cho fad 's a chithinn-sa cha robh dàil sam bith ann a bhith toirt na h-uidheim a mach."

Thubhairt e ris a' Chùirt gu faodadh e a bhith nach robh an uair buileach ceart aige — ach gu robh e smaoineachadh gun do dh'fhàg an LSA am Bataraidh aig trì uairean.

Tha e nas fhasa an Luchd-dìon a chreidsinn — gun do dh'fhàg sgioba an LSA am Bataraidh aig deich mionaidean gu ceithir agus nach deach eubhach air a' cheud fhear ac gu trì uairean.

Chan urrainn cinnt sam bith a bhith againn, an ann aig Boyle no aig Ainsdale a tha coire a' chall tìde bha seo; air a' cheann thall, mar a chunnaic sinn, cha robh e air móran deifir a dhèanamh. Cha robh goireasan math gu leòr aig an LSA anns a' cheud àite.

Bha am bàta-teasairginn 'san aon suidheachadh; eathar le ràimh agus seòl — dé am feum a bh'innte-se bharrachd, ged a bhitheadh i air a dhol a mach 'sa bhad? Cha d'fhuair drioftair na Néibhi faisg air an *Iolaire* agus cha robh am bàta-teasairginn air seasamh mionaid a stigh ris na Biastan na bu mhò.

Thubhairt Tormod MacIomhair, balach a Arnol, mar a thubhairt Iain MacGumaraid aig Cùirt na Néibhi — gu fac esan am fearann chun na làimhe deise mionaidean mus do bhuail an *Iolaire*:

"Nuair a bha mi air taobh na làimhe deise dhe'n t-soitheach, chithinn fearann airson mu chairteal na h-uaireach mus do bhuail i. Chanainn gu robh am fearann cóig no sia ceud slat air falbh nuair a chunnaic mi e air taobh na làimhe deise. Aig an àm sin cha robh mi toirt tobha sam bith dha na soluis o nach b'aithne dhomh iad. Bha solus *beacon* dìreach a mach bho a toiseach nuair a bhuail i."

Seo dìreach mar a thubhairt MacGumaraid — gu robh an *Iolaire* ri dèanamh dìreach air Beacon Arnais nuair a bhuail i. 'Se cheist, ge-ta, ciamar a bha i tighinn thuige? Tha fios gu robh i ro fhaisg air fearann Thuilm nuair a thug an cùrsa aice tarsainn air na Biastan i.

Chunnaic Dòmhnall Dòmhnallach, a Pabail, am fearann gu *starboard* cuideachd, cóig mionaidean mus do bhuail i; agus thubhairt e ri mheit: "Tha sin gu bhith stigh, a Choinnich — siud fearann Thuilm."

Bha dùil aige gur ann a steach an Loch a bha i an uairsin. Thubhairt Dòmhnall nach robh esan ri smaoineachadh gun deach an *Iolaire* sìos cho fada ris a' Chirc idir, air an t-slighe steach.

Thubhairt Seumas MacIlleathainn gur h-esan a bha cumail faire air an drochaid agus gun tubhairt Cotter ris timcheall air leth-uair an déidh uair a dhol sìos a dhùsgadh an luchd-faire, gu robh iad gu bhith a stigh. Rinn e sin, thill e chun na drochaid, agus chaidh e'n uairsin sìos a rithist a dhèanamh cinnteach gu robh na balaich air éirigh. Fhad 's a bha e air falbh, cha robh duine ri cumail faire ach a mhàin Cotter fhéin. Dìreach nuair a thill e gu deic an dàrna h-uair, bhuail ise. Cha robh fear-faire aig toiseach na soithich idir aig àm sam bith air a' bhòidse seo, agus thubhairt MacIlleathainn nach robh e 'na fhasan a bhith cumail fear-faire aon uair 's gu faicte soluis na h-acarsaid.

Chaidh a' cheist seo a chur ris a' Chomanndair Bradley, fear de dh'oifigeirean na Néibhi ann an Steòrnabhagh, agus fhreagair e:

"Chan eil e mar chleachdadh idir an drochaid a bhith as aonais fear-faire nuair a tha'm bàta a' dol a steach gu acarsaid."

Thubhairt e cuideachd gu robh Cotter air a bhith air bòrd na h-*Iolaire* dhà no trì thuruis, agus i ri tighinn a steach a Steòrnabhagh tràth dhe'n oidhche.

C: Thathar ag ìnnse dhuinn gun do chuir Lieut. Cotter am fear-
       faire sìos gu h-ìosal gus na làmhan fhaighinn ann an òrdugh.

F: Shaoilinn nach bitheadh sin coltach idir. 'S àbhaist dha'n
       fhear-faire cheart a bhith 'na toiseach. Cha ghluaisear e gu
       bràth gus an tig an t-soitheach gu acaire.

Ach cuimhnichidh sinn gun tubhairt Camshron gu robh am fear-faire air an t-*Sheila* a stigh còmhla ris fhéin air an drochaid air sgàth cho dona 's a bha'n oidhche.

C: An cuireadh sin an t-soitheach ann an cunnart air dhòigh sam
       bith — am fear-faire a chur gu h-ìosal?

F: O cha chuireadh, oir bhitheadh am fear-faire ceart fhathast
       'na àite fhéin.

C: An turus seo tha iad ag ràdh gun do chuir Cotter sìos an aon
       fhear-faire a bh'ann?

F: Tha e duilich dhomh sin a chreidsinn.

C: 'Se bh'ann fear a ghabh air fhéin a bhith 'na fhear-faire — an
       duine chaidh gu h-ìosal.

F: 'Se. Ach bhitheadh fear-faire ceart aca.

C: 'S chan eil thu'n dùil gum bitheadh e coltach, nach robh fear-
       faire cunbhalach ann?

F: Dh'fheumadh fear a bhith ann.

C: Am bitheadh e aig a bràighe no air a' chrann-toisich?

60

F: Ma bha nead-starraig innte, sin far am bitheadh e, no aig a bràighe.

Chaidh a' chùis seachad mar sin fhéin; chaidh facal an oifigeir nach robh idir ann a ghabhail os cionn facal an t-seòladair a bha ann. Tha e soilleir nach robh fear-faire air diùtaidh nuair a chaidh MacIlleathain a chur sìos. Agus nach robh fear-faire aig toiseach na h-*Iolaire* aig àm sam bith air an oidhch' ud. Cha robh air bòrd ach leth criutha agus bhitheadh seo air na h-amannan faire a chur bun-os-cionn.

Thàinig an sin an t-suim uamhasach a bh'aig Lieut. Cdr. Morris ri chur air bialaibh an Rannsachaidh:

Na bh'air an *Iolaire* gu léir	284
An fheadhainn a bha fios gun do shàbhail iad	79
Na chaidh a chall a réir seo	205

Tha seo air a bhriseadh sìos mar seo:

Muinntir a' chriutha a chaidh a chall	18
Muinntir an *Depot* a chaidh a chall	2
Leódhasaich nach eil lorg orra beò	174
Hearaich nach eil lorg orra beò	7
Na chaidh as an rathad uile-gu-léir a réir seo	201

Tha seo ri fagail ceist, agus 'se seo i: càit an robh an ceathrar dhaoine nach robh lorg sam bith ri fhaotainn orra an ceann leth-cheud latha an déidh na tubaist? (Chan e idir nach do lorgadh corp — ach nach robh iad 'sa chunntas. Bha 67 de chuirp air chall air 10.2.19 ach bha fios có bh'annta.)

Tha dà fhreagairt air a seo, is dòcha: gu robh cuid ann a shàbhail nach do leigeadh fhaicinn a riamh dha'n Néibhi; air neo gun deach suas ri 178 Leódhasach as an rathad (tha an *Roll of Honour* ri 'g ràdh 175) agus nach deach fios a chur a steach chun na Néibhi idir mu cheathrar aca. Cha robh ainmean nam pasainsearan aig a' Néibhi, ach bha iad air cunntas glé mhath a dhèanamh orra. Chan eil fios nach do dhiùlt triùir no ceathrar de bhalaich a thàinig beò aisde guth a ràdh ris a' Néibhi — agus có chuireadh an umhaill dhaibh? 'Se seo as fheàrr dhuinn a bhith smaoineachadh na bhith dol a ràdh gun deach an tuilleadh a chall na bha dùil againn. Cha bhi sinn cinnteach a chaoidh air a' chuspair seo; tha e làn cheistean mar tha iomadh cuspair eile ceangailt ris an tubaist.

Bha tuilleadh fhianuisean aig an Rannsachadh Fhollaiseach ach cha b'urrainn dhaibh leudachadh a dhèanamh air na thubhairt iad aig Cùirt Rannsachaidh na Néibhi, agus sheall sinn ris a sin mar-tha.

Thubhairt Mgr. Fenton, as leth a' Chrùin, gum bitheadh e glé bhuailteach anns an t-suidheachadh a bha co-cheangailte ris an tubaist gum bitheadh daoine a' meamhrachadh ach dé bu choireach — agus cainnt gu math sgreataidh agus suarach a' dol air sàilleabh sin.

'Se sin aon rud a rinn an Rannsachadh: sheall e nach robh bun no bàrr aig a' bhruidhinn a bha air a dhol air feadh na dùthcha. Thog a h-uile duine a thàinig an follais anns a' chùis 's a chunnaic oifigeirean no criutha na h-*Iolaire* fianuis nach robh càil de choltas deoch air duine aca. Bha esan an làthair as leth a' Chrùin, agus bha e riaraichte gu leòr nach robh buaidh deoch ri fhaicinn air duine beò dhe'n chriutha.

Cha robh coire fo'n ghréin aige ri fhaighinn a thaobh seòladh na h-*Iolaire* riamh gus an robh i beagan mhìltean o sholus Arnais; agus bha Camshron, sgiobair na *Sheila*, air a ràdh nach robh càil seach an rathad anns a' chùrsa a ghabh a' gheat. Ach bha e smaoineachadh, nuair a chunnaic oifigeir na stiùireach anns an *Iolaire*, 's iad a' teannadh dlùth air Steòrnabhagh, soitheach eile a' dèanamh air Steòrnabhagh 's ise air cùrsa eadar-dhealaichte, gum bu chòir dha bhith air gabhail air a shocair beagan. Bha e a' smaoineachadh cuideachd gum bu chòir dha'n oifigeir an aire thoirt gu robh fear-faire ceart aige.

Cha robh na fianuisean idir aon-sgeulach a thaobh an robh a' gheat air a cùrsa atharrachadh dìreach mus do bhuail i; ach co-dhiù, bha dhà no thrì mhionaidean na bu tràithe air atharrachadh mór a dhèanamh a thaobh tèaruinteachd no cunnart.

Bha na fianuisean aon-sgeulach nach deach aon òrdugh a thoirt seachad 's nach deach oidhirp sam bith a dhèanamh gus rian a chumail air na daoine no air an criutha chur gu'n àiteachan fhéin aig na h-eathraichean an déidh dhi bualadh.

Thubhairt e gu feumte sùil gheur a thoirt air an dòigh anns an robhar a' cur an uidheam teasairginn gu feum.

Thubhairt Pitman, 's e bruidhinn as leth na h-Admiralty, gu robh iadsan a' dèanamh toileachadh ris an Rannsachadh agus gu robh e an làthair airson cuideachadh cho math 's a b'urrainn dha a thoirt do Fenton, airson gum bitheadh an Rannsachadh cho mionaideach 's a ghabhadh dèanamh. Bha an Admiralty air Rannsachadh a dhèanamh dhaibh péin agus cha do ghabh iad ris gu robh coire sam bith ri chur air duine, agus chuir e fa chomhair an luchd-rannsachaidh nach robh na fianuisean a nochd a' sealltainn gu robh aobhar sam bith aca air coire fhaighinn. A dhà no thrì mhionaidean far a' chùrsa — dìreach mearachd a thaobh breithneachaidh — is bha sin gu leòr airson toirt air an rud tachairt.

'Se J.N. Anderson, fear-lagha a Steòrnabhagh, a bha seasamh as leth na shàbhail agus as leth nan teaghlaichean aig an fheadhainn a chailleadh. Thubhairt esan gu robh e toilichte gun deach stad a chur air na naidheachdan a bha dol mu thimcheall nan oifigeirean a bhàsaich.

Bha esan dhe'n bheachd gu robh fìor dhroch rian air cùisean air bòrd an déidh dha'n t-soitheach bualadh, agus gu robh mì-rian ann a thaobh mar a bha uidheam nan rocaidean ag obrachadh cuideachd.

Thubhairt an Siorraidh Mac-an-Tòisich gum b'e suidheachadh mì-fhortanach a bh'ann gun do thachair an tubaist aig àm anns an robh e 'na chleachdadh aig daoine bhith 'g òl, 's gu robh e toilichte gun deach stad a chur air na briagan mu na h-oifigeirean a thaobh sin, air sàilleabh na fianuis a chaidh a thogail.

Chaidh dearbhadh nach robh facal fìrinn anns na naidheachdan agus bha e dhe'n bharail gum bu chòir dha'n ailis ghointich a chaidh a thogail air na daoine sin, 's iad marbh, a bhith air a toirt air falbh, agus air a sgaradh bho na h-inntinnean aig na càirdean a dh'fhàg iad as an déidh.

Cha tubhairt e guth mu phian-inntinn muinntir Leòdhais.

"Bhitheadh an luchd-rannsachaidh faiceallach," ars an Siorraidh, "ann a bhith gabhail orra fhéin a bhith toirt breith, no a bhith cur coire, oir bha fios aca gu robh gu leòr thubaistean aig muir nach gabhadh tuigsinn gu bràth; agus anns a' chùis seo bha'n fheadhainn a dh'fhaodadh

62

bruidhinn mu aobharan na tubaist air a dhol dha'n aigeal còmhla ris an t-soitheach."

Bha e cur suim mhór ann am fianuis a' Chamshronaich — sgiobair na *Sheila.* Bhitheadh e coltach, bho'n fhianuis, nach robh móran ceàrr air a' chùrsa air an robh an *Iolaire* a' seòladh, agus gum b'e gun do ghleidheadh an cùrsa sin mionaid no dhà ro fhada, 's i a' tarraing dlùth air bial acarsaid Steòrnabhaigh, a bu choireach gun do dh'éirich an tubaist dhi.

Bha na thubhairt deagh chuid dhe na fianuisean a' nochdadh gu robh rudeigin ceàrr a thaobh rian is smachd is ceannsachadh a chumail air daoine, ach dh'fheumadh iad cuimhneachadh gun tubhairt dithis fhianuisean gun tug Lieut. Cotter agus an Comanndair Mason aon òrdugh co-dhiù — bho'n drochaid mu dheidhinn nan eathraichean.

Chan eil e idir soilleir gun tàinig òrdugh bho'n drochaid aig àm sam bith. Ach tha e soilleir gu leòr gu dé an taobh a bha an Siorraidh a' gabhail ged nach robh gnothaich aige taobh seach taobh a sheasamh. Ach cuimhnicheamaid gur e bh'ann cùirt rannsachaidh, agus nach e cùirt lagha.

Bha a h-uile duine aonaichte nach gabhadh cuideachadh sam bith a bhith air a thoirt seachad bho thaobh na mara, ach bha teagamh ann a thaobh an uidheam teasairginn air tìr, an robh i math gu leòr.

Thill an luchd-breith an ceann uair a thìde agus thubhairt iad seo:

"Tha an luchd-breith aon-sgialach 'nam beachd

(1) gun deach an *Iolaire* air tìr aig còig mionaidean gu dhà anns a' mhadainn air Latha na Bliadhn' Uire, 1919, ìs gun do bhris i air na creagan an taobh a stigh de 'Na Biastan' faisg air Rubha Thuilm ann am Paraisde Steòrnabhaigh an Leòdhas, an Siorramachd Rois is Chrombaidh;

(2) gun tug an tubaist bàs do dhà cheud duine is a còig, is iad air an tachdadh le dhol fodha anns an fhairge;

(3) nach robh am fear a bha an urra ris an t-soitheach cho faiceallach agus bu chòir dha a' dol a steach dha'n acarsaid;

(4) nach do chaill an t-soitheach astar, agus nach robh fear-faire ag obair nuair a thachair an tubaist;

(5) nach robh criosan-teasairginn no eathraichean no raftaichean gu leòr air bòrd airson na bh'oirre de dhaoine; agus nach tug na h-oifigeirean seachad òrdain airson beathannan a shàbhaladh; agus cuideachd, gun do chailleadh tòrr tìde eadar na rocaidean a losgadh agus mun do ràinig an uidheam teasairginn faisg air an t-soitheach.

"Tha an luchd-breith a' deònachadh

(1) gun tigeadh feabhas ann an làrach nam bonn air an dòigh anns an robh an uidheam teasairginn air a tarraing gus cobhair a dhèanamh air bàtaichean a bha 'nan éiginn;

(2) gum beachdaicheadh Coimiseanairean nan Tighean-Soluis am bu chòir dhaibh solus a chur air taobh an Tuilm dhe'n acarsaid;

(3) gun gabhadh an Riaghaltas os làimh gum bi dòigh-siubhail rianail agus thèaruinte aig seòladairean agus aig saighdearan bho seo a mach.

"Tha an luchd-breith ag iarraidh a ràdh cuideachd nach robh duine air bòrd fo bhuaidh deoch làidir, agus nach robh mì-rian sam bith air bòrd an déidh dha'n t-soitheach bualadh.

"Tha an luchd-breith a' moladh gun cuireadh Urras Charnegie agus an *Royal Humane Society* urram air choireigin air an t-seòladair I.F. MacLeòid airson mar a shnàmh e air tìr leis an ròp leis an tugadh am ball air tìr, agus sin gus móran a shàbhaladh.

"Tha an luchd-breith ag iarraidh cuideachd, le dùrachd an cridhe, an co-fhaireachdainn a nochdadh dhaibh-san a chaill an luchd-dàimh anns an tubaist dhuilich seo, agus taing a thoirt do dh'Anderson Young 's dha bhean ann an tuath Stoneyfield airson an coibhneis dha na shàbhail."

Bha a' Chùirt Rannsachaidh Fhollaiseach seachad agus cha mhór faochaidh a thug i do mhuinntir Leódhais.

Sgrìobh Pitman chun an Ard-Mharaiche ann an Lunnainn a dh'ìnnse dha ciamar a chaidh cùisean ann an Steòrnabhagh:

"Dh'fhaodadh gum bi thu airson fios a bhith agad gu bheil mi cinnteach gu robh e cho math gu robh duine bho'n Admiralty an làthair. Leis a' chainnt a bha dol anns an àite, agus leis na ceistean a chuir cuid dhe'n luchd-breith, bha mi faicinn gu soilleir gum bitheadh iad sin deònach gu leòr air binn a thoirt a mach nach bitheadh ann am fàbhar na h-Admiralty a thaobh an dleasdanais dha na h-oifigeirean 's dha'n chriutha, 's a thaobh uiread a dhaoine ghabhail air bòrd 's gun innte ach dàrna leth a' chriutha 's iad as aonais chriosan-teasairginn 's mar sin air adhart; agus a thaobh e bhith an urra riutha-san air dhòigh air choireigin daoine fhaotainn airson an uidheam teasairginn agus airson a' bhàta-teasairginn.

"Shaoil mi mar sin, an déidh dhomh bruidhinn ri Admiral Boyle m'a dheidhinn, gum b'fheàrr dhomh fianuisean a chur dha'n bhocsa an déidh do dh'fhianuis a' Chrùin a bhith deiseil.

"B'iad sin an Comanndair Bradley, a' bhruidhinn airson an Lieut. Cotter; Saunders, *Yeoman of Signals*, 's e 'g obair aig an àm — chuir esan fios mu na rocaidean mar a bha iad a' dol suas: gorm an toiseach, ag iarraidh poidhleat 's an uairsin dearg airson bàta bhith 'na h-éiginn. Chuir Ainsdale, 's e 'na oifigeir-faire, air falbh na comharran anns a' bhad, agus fhuair e fios-freagairt o'n Admiral fhéin, ag iarraidh an uidheam teasairginn fhaighinn a mach.

"Bha beagan dàileach anns a' ghnothaich, le bhith faighinn greim air Luchd-dìon a' Chladaich agus air muinntir an àite — na bha 'g obair air an uidheam teasairginn dhiubh — agus each fhaotainn; aig a' cheann thall, shlaod an naodh duine deug o'n Admiral an uidheam fad na slighe air an rathad mhòr, abair dà mhìle air an rathad, 's tarsainn boglaich; 's bha e ro fhada gun ruighinn.

"A nis, dh'iarr an t-Admiral air Wenlock na daoine thoirt far na h-*Iolaire* le drioftair nuair a thigeadh i steach dha'n acarsaid, agus dh'fhalbh esan aig na dhèanadh e de dh'astar gu far an robh an t-soitheach 's ràinig e i mun do loisgeadh an rocaid mu dheireadh. Fhuair e gu mu thrì ceud slat bhuaipe, ach cha b'urrainn dha dhol na b'fhaisge, oir bha'n cladach leis air, 's cha mhór nach robh gèile ann chun a seo. Dh'fhuirich e faisg a' chuid mhór dhe'n oidhche — cha do thill e ach airson greiseig bhig a dh'ìnnse dé bha dol — agus anns a' mhadainn shàbhail e fear a bh'air a bhith crochte ris a' chrann fad na h-oidhche.

"Ma dh'fhaodas mi rud sam bith iarraidh, 'se gum bitheadh soluis de sheòrs air choireigin air an cur air an uidheam teasairginn airson gu faicear leatha air oidhce dhorcha. Dh'ainmich fear dhe na fir a bh'ann gun cual e eubh ach nach robh e faicinn càil — feumaidh e bhith gur e eubh an fhir a bh'air a' chrann a bha seo. Shìn an Rosach thugam leth-bhreac dhe'n bhinn agus thug mi dha'n Admiral e. Feumar fhaicinn nach eil facal ann ag ràdh nach do chuireadh a mach am bata-teasairginn. A thaobh sin fhéin bha cur sìos air muinntir na Néibhi air cùl nan ceistean a chaidh a chur, oir bha'n t-Admiral air gabhail air fhéin cur ri àireamh a' chriutha nan tigeadh feum air.

"Ach o'n a bha de dh'iasgairean anns an acarsaid na dh'fhòghnadh do dhà bhàta-teasairginn, feumaidh e bhith gun do smaoinich an luchd-breith gum b'fhearr dhaibh gun ghuth a ràdh.

"Bha an Rannsachadh air fad coltach ri cùirt lagha, cha mhór, 's a' Néibhi ga feuchainn — agus duilgheadas anns a' chùis dhomh-sa airson gu robhar a' faicinn a h-uile ceist a chuirinn mar oidhirp air a' choire thoirt air falbh bho na h-urracha móra.

"Tha mi'n dòchas a nis gun gabh an sluagh ris a' bhinn a thug an luchd-breith a mach, 's gum b'e na thubhairt iadsan mu dheidhinn dleasdanas na Néibhi an rud bu mhiosa b'urrainn dhaibh a ràdh; ach tha droch eagal orm nach éisd iad ris a sin idir.

"Eadar a h-uile rud a bh'ann 'se an fhianuis a thogadh aig an Rannsachadh Fhollaiseach an aon fhianuis is a chaidh a thogail aig Rannsachadh na Néibhi."

"Bithibh sàmhach, agus tuigibh gur mise Dia . . ." Salm 46, 10

Ceann-teagaisg an Urr. Coinneach Camshron
air a' cheud Shàbaid an déidh
na Bliadhn' Uire

5 an Oéíoh a'chall

Bha Dòmhnall MacIomhair a Tolastadh bho Thuath air bòrd agus gun e ach ochd bliadhna deug. Bha *saloon* a' bhàta ri cur thairis le daoine nuair a bhuail i ach fhuair Dòmhnall gu deic leis an uinneag a bhriseadh a mach roimhe le bhrògan. Bha an *Iolaire* aig an àm sin 'na laighe aig angal 45 degrees agus cha ghabhadh dorus a' *saloon* fhosgladh. Fhuair e rithist gu tìr air an ròp, agus shlaod Alasdair MacLeòid, a Col, suas air na creagan e. Cha do choinnich an dithis tuilleadh gus an tàinig Dòmhnall a bhruidhinn ri Alasdair aig banais, bliadhnaichean an déidh sin.

Tha Dòmhnall ri 'g ràdh gu fac e Alasdair MacIomhair, fear as a' Rubha, ri losgadh rocaidean agus a rithist ri feuchainn ri eathar a chur sìos. Chuala Dòmhnall òrdugh bho'n drochaid gun iad leigeil sìos na h-eathraichean idir — gu robh am bàta ri dol a dh'fheuchainn gu deireadh.

Tha e coltach gur e seo an aon òrdugh a thàinig bho'n drochaid fad na h-ùine — mas e òrdugh a chanas duine ris.

Cha do ghluais an *Iolaire* gus an do chuir an fhairge fhéin a steach i.

Rinn Dòmhnall a rathad suas gu Tigh Tac Anderson Young; bha sin làn de bhalaich na Néibhi 'nan laighe air feadh an àite, air an ragadh, am broinn làn sàil.

Chunnaic Dòmhnall bóbhla mór le uighean air an dreasair agus theann e ghan òl. Thug seo air cur a mach agus fhuair e an uairsin faochadh.

Dh'fhalbh e mar a bha e, dha chois, a Steòrnabhagh agus thug dithis sheòladairean bho'n Bhataraidh a steach e do thigh anns a' Square a bha a' Néibhi air fhosgladh gus frithealadh dha'n fheadhainn a shàbhail.

Bha balaich a fhuair air tìr ri falbh nan sràidean ann an Steòrnabhagh air madainn na Bliadhn' Uire gun stiall orra ach léine na Néibhi agus briogais, cas-ruisgte.

Am feasgar sin fhéin, chaidh an ceathrar a shàbhail a Tolastadh a chur sìos gu ruige Griais le càr, agus rinn iad an rathad fhéin as a sin.

Thàinig na boireannaich aig an robh dùil ri feadhainn a mach 'nan coinneamh; bha am post air ìnnse mu dheidhinn a' chall.

Thòisich a' chaoidh agus cha b'iongnadh sin. Cha tàinig duine beò a Tolastadh a mach as a' *saloon* ach Dòmhnall a mhàin.

"'Se briseadh cridhe a bh'ann."

Chaidh aon duine deug a Tolastadh as an rathad.

Aon duine deug eile a Liùrbost.

"Chaidh Seiseadar a bhàthadh," bhitheadh iad ag ràdh.

Deichnear as a' bhaile bheag sin.

Cha mhór gu robh baile ann an Leódhas nach robh ri caoidh air losd call na h-*Iolaire*.

Gu mìorbhuileach, chaidh a h-uile duine a baile Aird Thunga chur air bòrd na *Sheila*, agus shàbhail am baile sin.

Bha e a réir càit an robh thu 'nad sheasamh air cidhe a' Chaoil . . . Dh'fhuirich na boireannaich aig na tighean, ri feitheamh agus ri feitheamh, mar a riamh a bha iad . . .

Bha aig na fireannaich agus aig na gillean òga ri dhol a null dha'n Tolm agus chun a' Bhataraidh, airson na gnothaichean duilich a tha ceangailte ris a' bhàs a chur air chois . . .

Seo agaibh an sgial aig fear a bha e fhéin air tighinn dhachaidh roimhe sin, 's e air seirbhis a' Chogaidh a chur seachad — Iain Dòmhnallach, a Siadar a' Rubha:

"Bha seirbhisean na Bliadhn' Uire ghan cumail anns an eaglais an Garrabost agus bha e dà uair feasgar mus cuala daoine mu dheidhinn a' chall.

"Chaidh triùir againn a Siadar suas dha'n Tolm air feasgar latha na Bliadhn' Uire agus chunnaic sinn na h-eathraichean ri cladhach airson nan corp. Nuair a gheibheadh iad grunn chorp air tìr bhathar ghan cur air làraidh-eich agus ri falbh leotha chun a' Bhataraidh.

"Bha talla mór ann a sin, airson drilidh tha mi creids, agus bha na cuirp 'nan sìneadh air an làr ann a sin agus *tarpaulin* air an uachdar.

"Bhitheadh tu ruith air an t-sreath agus ri togail an *tarpaulin* air falbh bho gach ceann gus am faiceadh tu duine a dh'aithnicheadh tu; bha thu reportadh seo. Chuireadh muinntir na Néibhi ticead orra an uairsin agus chuireadh iad fios air an fhear-adhlacaidh gus an tigeadh esan le ciste-laighe.

"Dh'aithnich mise aghaidh an t-siathamh fear ris an do sheall mi — balach a Siadar. Bha na làmhan aige shuas air bialaibh aghaidh agus a dhùirn dùinte, mar gum bitheadh e air a bhith feuchainn ri e fhéin a dhìon bho rudeigin."

Agus seo agaibh Dòmhnall MacPhàil, a Bradhagair:

"Cha robh annam-sa ach an gille òg aig an àm — bha mi seachd bliadhna deug — anns an àrd sgoil an Steòrnabhagh, agus tha cuimhne mhath agam, latha na Bliadhn' Uire. Fear a bha an ath thigh, an ath dhorus dhomh, thàinig e nall — tarsainn na mòintich, tha mi smaoineachadh; cionnas a fhuair e air tìr chan aithne dhomh — ach bha e mar duine as a rian. Agus bha an fheadhainn a chaill an cuid anns a' bhaile — na màthraichean 's na mnathan — bha iad a' tighinn a stigh a dh'fhaighneachd am fac e sealladh air Dòmhnall, no air Aonghas, no air Eóghainn; 's cha robh e ach ghan coimhead agus na deòir ri tighinn a nuas air na gruaidhean aige 's bha dà fhacal aige, tha cuimhne agam air a sin, bha dà fhacal aige a bha e ghan chantainn tric — *'Good God . . . Good God . . .'* mar gum bitheadh e air greim fhaighinn air na facail sin air bòrd; 's lean iad ris an inntinn aige, 's cha robh facail aige ach sin fhéin.

"Ach 'se gnothaich duilich a bh'ann dha'n fheadhainn a bha feitheamh — mar a bha am bàrd a' cantainn, bha an dachaidh a' feitheamh riutha, blàth, 's gach nì mar a b'fheàrr air dòigh . . . a h-uile dad ullamh airson biadh agus aodach airson an fheadhainn a bha tighinn, carthannas agus blàths, na dàimhean a bh'aig an dachaidh, agus naidheachd thùrsach a' tighinn, nach ruigeadh iad tuilleadh.

Anns a' bhaile

Air an tuath

"Dh'fhalbh mise a Steòrnabhagh; tha cuimhne agam, 'sinn deireadh oidhche a bh'ann, le cairt 's each, mi fhìn 's gille òg eile — chan eil fios agam nach robh dithis eile còmhla rium agus athair fear dhe na gillean a chaidh a chall; agus chaidh sinn sìos dha'n Bhataraidh far an robh na cuirp air an cur a mach 'ach an aithnicheadh daoine iad, 's tha cuimhne agam gu robh ticead orra — Liùrbost, agus Siabost, agus Tolastadh. Agus am fear a Siabost a chaidh a null còmhla ruinn bha mac leis ann, 's tha cuimhne agam, 's cuimhne agam gu robh e cho brèagha 's gun canainn nach robh e marbh idir, am fiamh a bh'air aodann — tha cuimhne agam air sin cho brèagha fhathast.

"Chaidh athair air a ghlùinean ri thaobh agus thòisich e toirt litrichean as a phòcaid, 's bha airgead, tha cuimhne agam, airgead geal agus airgead pàipeir, am pòcaid na briogais; agus bha e coimhead ri litir a bha e air fhaighinn 'na phocaid agus na deòir ri tuiteam air corp a mhic, 's bha mi smaoineachadh gur e sealladh cho tiamhaidh 's cho duilich 's a chunnaic mi riamh; 's cha robh sin ach aonan de mhóran a dh'fhaodadh sinn fhaicinn anns a' Bhataraidh an latha bh'ann a seo — 's lathaichean as a dhéidh."

Mar tha fios aig a h-uile duine a tha eòlach air ar dòighean anns na h-Eileanan, chan eil e furasd dhuinn a bhith bruidhinn air nithean a théid cho domhain 'nar n-inntinn 's a chaidh an call uamhasach a bha seo, no rudan as lugha: is dòcha gum b'fheàirrde sinn e nam bitheadh e na b'fhasa dhuinn ar smuaintean a chur an céill. Ach air an taobh eile, tha inbhe againn nach eil aig móran 'san latha 'n diugh a mach a seo. Tha e a réir 's dé cho làidir 's a tha an duine no am boireannach a tha ri fulang brùthadh-cridhe, is dòcha.

(Agus tha e ro fhurasd do dhaoine, nuair a smaoinicheas iad air call na *h-Iolaire*, a bhith dèanamh dìochuimhn air an ochd ceud balach snasail eile a chaidh as an rathad anns a' Cheud Chogadh, a' chuid mhór aca 'san Fhraing, ann an dòighean cho sgriosail is nach eil e furasd a bhith smaoineachadh orra.)

Mar sin, chum na mnathan agus na màthraichean aca fhéin móran dhe'n phian a dh'fhairich iad airson nan lotan a thàinig a steach 'nam beathannan, air sgàth na *h-Iolaire* agus air sgàth a' Chogaidh uile.

Bheir beachd air màthair an Urr. Iain MacLeòid, a bhitheadh ri sgaoileadh an aodaich reubte aig an duine aice air a' ghàrradh gach samhradh; seo a' bhàrdachd fhileanta a rinn an t-Urr. Iain dha mhàthair:

Bantrach Cogaidh

Sgaoil i aodach air gàrradh:
Briogais bhàn is léine gheal,
Crios gorm leathann,
Còrd geal caol.
Bha mi air clach ri taobh,
Bonaid cruinn air mo cheann:
Bonaid m'athar.
Deise ghorm 'na stiallan,
Mar reub iad bho chorp i
Nuair fhuair iad e
Fuar bàite air an tràigh,

Air a pasgadh le làmhan gràidh
Is cridhe brist:
Mar deise rìgh dol gu banais.

Carson tha thu dol uair 'sa mhìos
Do'n phost-oifis 'nad aodach dubh,
Le cridhe trom,
'S a' tilleadh feasgar
Le leabhar a' phension 'nad làimh?
Carson a thog thu mi 'nad uchd
'S do cheann crom,
Is fhliuch thu m'aodann le do dheòir
Nuair thuirt mi,
"Mhàthair, cà'il m'athair?"

Aon là 'san sgoil
Sheas sinn sàmhach dà mhionaid
A' cuimhneachadh
Air laoich a' Chogaidh Mhóir,
Is ruith mi dhachaidh 'na mo dheann
A dh'ìnnse dhi,
"Cha bhi cogadh tuilleadh ann."

Oidhche gheamhraidh bha i snìomh;
Shuidh mi ri taobh.
Bha ceann dol liath 's i fhathast òg.
An luib an t-snàth chaidh fuiltean mìn
Mar shìoda measg an duibh.
Thuirt i, "Gléidh cuimhne orms
Nuair chì thu m'fhalt an luib an t-snàth
'S nach bi mi ann."
'S mar thubhairt, bha.

Rinn iad d'uaigh ri taobh nan tonn.
Cha chlisg thu chaoidh aig gaoith no stoirm.
Sibh sin cho réidh — thu fhéin 's an cuan;
Cha toir e tuilleadh uat do ghràdh.

Nach math gun tug am bàs thu tràth,
'S nach fhac thu cogadh ùr 'nad là.
'S nach fhac thu mise falbh do'n bhlàr,
Le deise ghorm is bonaid cruinn
Mar bh'air m'athair
Nuair fhuair iad marbh e,
Aig a' Bhràigh.

Tha seo ri toirt dhuinn beachd iongantach math air a' bheatha thùrsach a bh'aig na mnathan a chaill am fir ann an reubadh na h-*Iolaire*, agus tha e buileach fìor air sgàth is gur e mac an duine a bhàthadh a rinn a' bhàrdachd.

Is e na rudan beaga a bhuaileas air ar cridhe — na léintean geala, na bonaidean, na preasantan beaga anns an tiùrr, an t-uaireadar-pòcaid a stad aig àm a' chall. Thubhairt bean Dhòmhnaill MhicIomhair gur ann air na *tattoos* air na gàirdeanan a bhàthar ri aithneachadh nan corp a bh'air am milleadh . . .

Bha nighean a Steòrnabhagh shìos air a' chidhe feasgar na Bliadhn' Uire an coinneamh na *Sheila* — Màiri Anna Ruisnidh a tha an diugh 'na bantraich ann am Broughty Ferry. Is e Stiùbhart an t-ainm pòsda aic. Bha nighean eile còmhla rithe a tha'n diugh 'na bantraich ann an Glaschu, dha'n ainm Ceit Grierson.

Bha feasgar math air a bhith ann agus iad ri coiseachd air Sràid Chrombhail; ach aig dà-reug a dh'oidhche bhuail stoirm gu cabhagach, le gaoith mhóir, uisge agus flin sneachd, agus thàinig air a' chlann-nighean a dhol gu fasgadh a stigh anns a' *Fish Mart*. Nuair a fhuair iad an cothrom, ruith iad dhachaidh agus chaidh iad dha'n leabaidh.

Thàinig bualadh air dorus Màiri Anna aig deireadh-oidhche agus dh'éirich i. Có bha seo ach Ceit, agus i air cluinntinn bho bràthair gu robh an *Iolaire* air Biastan Thuilm. Chuir Màiri Anna oirre agus dh'fhalbh iad a mach gun dàil.

Rinn iad air a' Mhol a Deas agus 'se cheud rud a chunnaic iad, làraidh mhór le ultach orra, agus *tarpaulin* air uachdar. Dh'innis fear a bha'n sin dhaibh gur e seo na cuirp aig feadhainn a chaidh a bhàthadh . . .

Thubhairt iad riutha fhéin gun deidheadh iad air adhart agus choisich iad sìos Ionacleit agus lean iad orra gu ruige Sanndabhaig. Mar a tha Màiri Anna 'g ràdh:

"Bha na làraidhean ri dol seachad oirnn leis na mairbh . . . Cha mhór gu robh duine ri fhaicinn a muigh. Bha ghaoth air a dhol sìos agus bha turadh ann.

"Air faid a' chladaich, chunnaic sinn na cuirp far na chuir am muir air tìr iad; na làraidhean ghan togail agus ghan toirt air falbh airson an dèanamh deiseil . . . A' Bhliadhn' Uir uamhasach a bha siud, cha dhìochuimhnich mise i fhad 's is beò mi."

Lean iad romhpa gus an do ràinig iad Ceann Thuilm agus sheas iad ann a sin os cionn na h-*Iolaire*. Cha robh càil ri fhaicinn dhith ach aon chrann, ged a bha i stigh ris a' chladach.

Tha chuimhne fhéin aig a h-uile duine a bha làthair air a' chall eagalach a bha siud; dh'fhaodte leabhar glé mhath a chur ri chéile air a' chuspair seo fhéin — an fheadhainn a bh'air fhàgail — agus bidh dòchas againn gun gabh cuideigin ris an obair seo mus fhalbh iadsan gu léir aig a bheil cuimhne air na lathaichean sin. Tha teipichean aig a' Bh.B.C. a rinn Fred MacAmhlaidh a dhèanadh leabhar eadar-dhealaichte air call na h-*Iolaire*, a' toirt fianuis air a' chall bho thaobh an fheadhainn a shàbhail a mhàin.

Faodaidh sinn sealltainn ri eachdraidh té'ile a bha ochd bliadhna deug aig an àm: Màiri Anna NicLeòid a Tung, a bh'air tòiseachadh ann am bùth ann an Steòrnabhagh air an latha mu dheireadh de 1918.

"Tha cuimhne agam gun choisich mi dhachaidh a Steòrnabhagh as déidh dha na bùthan dùnadh aig naodh uairean, còmhla ri Tormod Stiùbhart a bha dol a phòsadh mo phiuthar Oighrig. Bha Tormod ri dol a chur seachad na Bliadhn' Uire còmhla ruinn fhìn.

"Cha robh a' *Sheila* air tighinn a steach nuair a dh'fhàg sinn am baile agus cha robh càil a dh'fhios againn gu robh bàta eile a' tighinn a nall cuideachd.

"Bha grunn chlann-nighean a stigh anns a' bhùth air an fheasgar, a bha air tighinn a steach a Steòrnabhagh an coinneamh bràithrean agus carabhaidhean. The cuimhne mhath agam air Peigi Chrichton as a' Chnoc a bha coinneachadh a bràthair òg, Dòmhnall, a bha tighinn dhachaidh as a' Néibhi. Cha robh esan air a bhith air falbh glé fhada agus bha Peigi toilichte dha-rìribh gu robh e tighinn dhachaidh, gu h-àraid airson gu robh aig an dithis ri cumail lota mhór agus an tigh ri dol.

"Cha deach duine a Tung a chall agus 's maite gur e seo bu choireach nach cuala sinn an naidheachd dhuilich cho luath ri àiteachan eile. Gun teagamh, chunnaic sin tòrr ghigeachan, cairtean agus baidhseagailean ri dol suas seachad a Tolastadh agus bho'n Bhac agus cha robh sinn ri tuigse idir càit an robh iad ri dol agus gur e latha na Bliadhn' Uire bh'ann agus a h-uile àite dùinte. Mu dheireadh thàinig nighean bheag a steach agus dh'innis i dhuinn gu robh bàta mór air a dhol air na creagan agus gu robh tòrr air am bàthadh.

"Leum Tormad air a bhaidhseagail 'na chabhaig agus rinn e air a' Bhac. Bha fios aige gu robh dùil ri bhràthair Uisdean an oidhche roimhe. Ach choinnich cuideigin ris a dh'innis dha gu robh Uisdean, gu fortanach, air tighinn dhachaidh air an t-*Sheila*, agus gu robh e sàbhailte.

"Bha mo mhàthair air cur roimhpe gun deidheadh i null chun a' Chnoc air latha na Bliadhn' Uire agus i gun a bhith ann bho phòs Murchadh Crichton mo phiuthar ann an New York. Dh'fhalbh Dòmhnall againn fhìn leatha anns a' chairt, gun càil a dh'fhios aca gu robh Dòmhnall òg air a chall 'san *Iolaire*. Bha mhàthair ri sealltainn dhi a mach air an uinneig an àite anns an robh Dòmhnall òg ri gearradh feamainn còmhla rithe anns an earrach roimhe. Bha seo glé fhaisg air an àite 's an deach an *Iolaire* fodha . . .

"Chan eil rian nach e briseadh cridhe a bh'ann dhi a bhi faicinn an spota sin a h-uile latha dhe beath' tuilleadh a mach air an uinneig.

"Shuas am baile air an latha as déidh sin, cha robh mi faicinn ach fireannaich ann an aodach dubh, a thàinig a steach bho'n tuath gus oidhirp a dhèanamh air aithneachadh cuirp an fheadhainn a chaidh a bhàthadh.

"Chaidh mi suas Sràid na h-Eaglais agus choinnich làraidh mhór rium agus i air a càrnadh an àird le cisteachan. Chuala sinn gu robh an tiùrr làn de dhoilichean agus *toys* a bha na seòladairean ri toirt dhachaidh chun a' chlann.

"Bha mo phiuthar Mairead ri fuireach 'sa bhaile aig an àm, còmhla ri té aig an robh dùil ris an duine aice an oidhche ud. Bha i fhéin glé thinn leis a' *flu* dona bha dol aig an àm agus chum i bràthair ri dol, suas agus sìos bho'n a' chidhe. Nuair a dh'fhidir iad gu robh a' *Sheila* air tighinn agus gun sgial air an *Iolaire*, dh'aithnich iad gu robh rudeigin ceàrr, agus i air fàgail a' Chaoil air toiseach. Cha chreid mi gun d'fhuair am boireannach sin seachad air a' chriothnachadh — cha robh i beò fad as déidh sin."

Is dòcha gur fhiach e ràdh, a thaobh an fheadhainn a thug iad fhéin beò gu tìr bho'n *Iolaire*, gu robh iad air aois mhath a ruighinn airson feadhainn a bha an déidh a bhith air falbh air seirbhis cogaidh. Bha an duine bu shine aig an Rannsachadh Fhollaiseach — Gilleasbaig Ros — leth-cheud bliadhna dh'aois, agus cha robh ach triùir dhe na trì deug a dh'fhianuisean aig an Rannsachadh nach robh air deich thar fhichead a chur seachad. Bhitheadh *average* na h-aoise aig na seòladairean a dh'eubhadh chun an Rannsachaidh mu chóig deug thar fhichead.

Nuair a bheachdaicheas sinn cho òg 's a bha balaich a' Mhailisidh (is gann gu robh chuid mhór aca fichead bliadhna), tha seo ri dearbhadh atharrachadh air choireigin a thàinig a steach dha'n eilean an déidh 1910, a thug air an òigridh tionndadh air falbh bho'n mhuir agus gabhail dha'n Arm.

Co-dhiù, cha robh uibhir de *volunteers* aig Breatainn a bad sam bith eile, a réir àireamh an t-sluaigh, agus d'fhuiling an t-àite móran air losd seo: chaidh faisg air mìle duine a chall gu léir.

Tha leabhar eile ri dhèanamh mu dheidhinn balaich a' Mhailisidh. Is mór am beud gun deach am bàrd Ian Rothach a mharbhadh 'san Fhraing. Tha esan còmhla ris na "mute, inglorious Miltons" eile a th'air an tiodhlacadh thall ann a sin.

Ged nach robh e aosd gu leòr airson a dhol dha'n Fhraing, rinn Murchadh MacPhàrlain bàrdachd ghluasadach mu dheidhinn fir cogaidh. Bidh feadhainn ri leughadh *Chan Fhada gu Madainn* airson iomadach bliadhna, agus tha dhà no trì de rainn ann a sin a bheir Wilfred Owen 'nar smuaintean.

Rinn e bàrdachd air call na h-*Iolaire* cuideachd a tha toirt dhuinn dealbh air mar a bha chùis aig mnathan agus aig caileagan air tìr:

Raoir Reubadh an Iolaire

'S binn sheinn i, a' chailin,
An raoir ann an Leódhas;
I fuineadh an arain
Le cridhe làn sòlais,
Air choinneamh a leannain
Tha tighinn air fòrlach,
Tigh'nn dhachaidh thuic tèaruint',
   Fear a gràidh.

Tha'n cogadh nis thairis,
'S a' bhuaidh leis na fiùrain,
Tha nochd ri tigh'nn dhachaidh;
Tha'n *Iolair'* gan giùlain.
Chuir mòine mu'n tein' i
'S an coire le bùrn air;
Ghràidh, chadal cha téidear
   Gus an lò.

Bidh iadsan ri 'g aithris
'S bidh sinne ri 'g éisdeachd
Ri euchdanaibh bhalach
Na mara 's an fhéilidh;
'S na treun-fhir a chailleadh,
A thuit is nach éirich;
O liuth'd fear deas, dìreach
   Chaidh gu làr.

Cluinn osnaich na gaoithe!
O, cluinn oirre séideadh!
'S ràn buairte na doimhne;
O 's mairg tha, mo chreubhag,
Aig muir leis an oidhch' seo
Cath ri muir beucach;
Sgaoil, *Iolair*, do sgiathaibh
   'S greas le m'ghràdh.

Ri 'g éirigh tha'n latha
'S ri tuiteam tha dòchas;
Air an t-slabhraidh tha'n coire
Ri pìobaireachd brònach;
Sguir i dhol chun an doruis
'S air an teine chur mòine;
Cluinn cruaidh-fhead na gaoithe
   A' caoidh, a' caoidh.

Goirt ghuil i, a' chailin,
Moch madainn am màireach,
Nuair fhuair i 'san fheamainn
A leannan 's e bàite,
Gun bhrògan mu chasan
Mar chaidh air an t-snàmh e;
'N sin chrom agus phòg i
   A bhilean fuar.

Raoir reubadh an *Iolair*,
Bàit' fo sgiathaibh tha h-àlach;
O na Hearadh tha tuireadh
Gu ruig Nis nam fear bàna.
O nach tug thu dhuinn beò iad,
A chuain, thoir dhuinn bàit' iad,
'N sin ri do bheul clocrach
   Cha bhi ar sùil.

Tha grunn amhrain eile ann do chall na h-*Iolaire* cuideachd.

Thachair rud glé ghrànda eadar Admiral Boyle, an t-Ard-Mharaiche, agus fear White, ged nach gabh a h-uile càil mu dheidhinn fhaighinn a mach a nis. Cola-deug an déidh dha'n *Iolaire* dhol fodha, chuala muinntir Leódhais gu robh White air *bid* a chur a steach airson an *Iolaire* a cheannach, mar a bha i, 'na laighe ri Biastan Thuilm agus còrr air ceud corp fhathast gun lorg. Tha fios gu robh cuid de mhairbh Leódhais fhathast air bòrd innte . . .

Thàinig teileagram air a' chóigeamh latha deug dhe'n Fhaoilleach bho'n Ard-Mharaiche gu Boyle ann an Steòrnabhagh, ag aontachadh ris a' phrìs a chuir White air an *Iolaire*. Tha seo ri dèanamh soilleir gur e Boyle, a fear a bh'ann an Steòrnabhagh agus aig an robh làn-fhios air a' chùis, a rinn am bargan ri White. Chan eil e furasd maitheanas a thoirt dha Boyle airson an rud cruaidh neo-mhothachail seo a dhèanamh.

Bhoill, ged a tha na Leódhasaich, mar tha Gaidheil eile, rudeigin ro mhì-dheònach air a bhith cur an aghaidh na bheil os a cionn, cha robh

Balach fireann 's e ri fàs

iad idir ri dol a leigeil a leithid seo air adhart. Air an dearbh latha a chuir an t-Ard-Mharaiche na teileagraman gu White, chuir Boyle fear eile thuige-san:

IT HAS COME TO MY KNOWLEDGE INHABITANTS OF ISLANDS RESENT IOLAIRE WRECK BEING SOLD WHILE THE BODIES REMAIN STILL UNRECOVERED. SUBMIT THAT ANY ACTION AFFECTING SALE BE WITHHELD FOR THE PRESENT.

Tha e ri fhaicinn gun deach fearg an t-sluaigh a dheanamh glé shoilleir dha Boyle. Cha robh an còrr mu dheidhinn reic na h-*Iolaire*. Chuir Boyle fios air White agus dh'aontaich esan nach deidheadh e faisg air an *Iolaire* airson ùine.

Cha robh cus cinnt dé seòrsa staid anns an robh an *Iolaire* air a fàgail aig an fhairge. Bha i fodha agus chaidh snàmhaichean-aigeil a chur sìos an toiseach. Bha aon cheist gu h-àraidh ag iarraidh freagairt: an deach boileir na *h-Iolaire* suas, agus an e bu choireach gun deach i fodha cho luath?

Chaidh snàmhaiche sìos (agus thatar ri 'g ràdh gun dhiùlt e dhol sìos tuilleadh air sgath 's na bh'innte de chuirp air an glacadh air bòrd), agus thubhairt esan gu robh an *Iolaire* 'na dà leth, air briseadh air cùl a' chruinn-toisich; gu robh an deireadh aice air falbh as a chéile ach a mhàin an t-slige. Thubhairt an snàmhaiche gu robh esan ri smaoineachadh gun deach am boileir suas. Bha cuid dhe na shàbhail dhe'n aon bheachd. Ach cha do dh'aontaich na *surveyors* idir gun deach am boileir suas.

Sheall muinntir na Néibhi sìos oirre le glainne-uisge nuair a thàinig sìde mhath agus rinn iad dheth nach do spreagh am boileir idir; bha'n drochaid, agus a' ghlainne os cionn nan einnseanan, fhathast slàn.

Bha ceist ann cuideachd a thaobh a' bhàta-teasairginn — carson nach deach i mach? Gun teagamh, bidh daoine ri faighneachd na ceiste seo fhathast.

Ach, cha leig iad a leas.

Seo an rud a thubhairt Iain MacIlleathain, Cogsan a' bhàta-teasairginn:

"Dhùisg Lieut. Moireach mi eadar leth-uair an déidh trì 's ceithir uairean. Bha riasladh aige a' lorg an tighe agam. Thàinig Donnchadh MacCoinnich, an Rùnaire, agus dà shaighdear a mach cuideachd.

"Tha'm bàta-teasairginn a' feumachdainn trì duine deug de chriutha, 's gun oirre ach ràimh is siùil. An turus ud, bha dùil againn ri cobhair o'n Admiralty le criutha. Bha'n t-ionad anns an robh am bàta ga fhàgail do-dhèanta cuideachadh sam bith a thoirt seachad, ged a bhitheadh criutha slàn againn. Fhuair mi mach o'n Admiral gu robh e air eathar a chur ann mar-tha 's nach bitheadh e gu feum sam bith sinne dhol ann. Bha sin mu chairteal gu cóig anns a' mhadainn. Dh'innis an t-Admiral gu robh daoine air fòrladh agus gu robh a h-uile duine ghabhadh fhaighinn air a chur a mach le uidheam nan rocaidean. Cha do dh'fheuch mi ri criutha fhaighinn an làrach nam bonn, ged a dh'fhaodainn a bhith air sin fhaighinn — chan eil teagamh sam bith agam."

Agus bha e nàdurrach gum bitheadh daoine ri faighneachd carson nach robh criosan-teasairginn agus bàtaichean-teasairginn gu leòr air bòrd na h-*Iolaire* nuair a sheòl i as a' Chaol agus i cur thairis le luchd-siubhail. Seo am freagairt a thug a' Néibhi seachad:

"Tha àireamh nan criosan 's nan eathraichean air bàtaichean na Néibhi a' dol a réir 's na tha de chriutha orra. Cha bu chòir luchd-siubhail a bhith againn air bòrd, ach a mhàin ann an éiginn — agus 'se sin a bha seo. Chan eil mi'n dùil gu bheil riaghailtean a' *Bhoard of Trade* a' tighinn oirnn air dhòigh sam bith, ach chan urrainn dhomh bhith cinnteach. Ach bha na riaghailtean a thaobh ghairmean éiginn a' tighinn oirnn — an fheadhainn a chuir an Admiralty agus am *Board of Trade* a mach còmhla."

Nuair a bha an Rannsachadh Follaiseach seachad, fhuair Admiral Boyle fios bho Pitman, fear-lagha na Néibhi, air an dòigh anns an do ghabh an luchd-breith ris na bh'aig a' Néibhi ri ràdh as a leth fhéin.

Cha do chòrd e ris.

Chuir Boyle litir air falbh chun an Ard-Mharaiche gun dàil agus seo an rud a bh'innte:

"A réir choltais, cha robh móran eòlais aig an luchd-breith mu ghnothaichean maraireachd, agus bha coltas gu robh an inntinn an aghaidh na Néibhi co-dhiù. Cha deach aon duine a dhèanadh rannsachadh a thaobh maraireachd a ghairm as leth a' Chrùin. Cha b'urrainn dha'n luchd-breith gun fhaicinn, leis an fhianuis a chaidh a thogail, gun do rinn muinntir na Néibhi na b'urrainn dhaibh gun dàil, ged nach deach guth a ràdh a thaobh sin anns a' chunntas a bha 'sna pàipearan.

"Feumaidh nach robh fios aig an luchd-breith mu'n uidheam teasairginn — gu bheil a' chairt duilich a làimhseachadh air droch

77

rathaidean ann an droch shìde; gu bheil an uidheam teasairginn fo ùghdarras a' *Bhoard of Trade*; 's nach eil innte ach *'Whip' equipment*.

"Thug balaich na Néibhi leotha a' chairt o'n *Depot*, fad na slighe, 's cha do nochd an t-each gus an robh iad a' tilleadh.

"Ann a bhith bruidhinn ris an luchd-breith, shaoileadh duine gu robh a' Chùirt dhe'n bheachd gun gabh an uidheam teasairginn a bhith air a gairm mar gum b'e inneal-smàlaidh a bh'ann a' tighinn a mach a stèisean mór brèagha.

"Bu mhath leam a thoirt fa chomhair dhaoine cuideachd nach do ghairm an Siorraidh aon fhianuis a shealladh na h-oidhirpean a rinn a' Néibhi gus cuideachadh a thoirt. Cha do ghairm duine fianuisean dhe'n t-seòrsa sin ach am fear-lagha a bha a' cumail a shùil air cùisean as leth na h-Admiralty, o'n a bha esan a' smaoineachadh gu robh iad dhe'n bheachd anns a' Chùirt nach deach oidhirp sam bith a dhèanamh.

"Cha deach aon cheist a chur air an fhianuis Surgeon Lieut. Thomas Owen, dotair na Néibhi, 'ach ciamar a fhuair e chun a' bhàta, no cuin; ghabhadh e ràdh gu robh a leithid sin de cheistean air an seachnadh, oir bhitheadh iad air foillseachadh nan duilgheadasan a bh'ann ann a bhith lorg giùlan airson shreidseirean is phlaideachan is chungaidhean-leighis 's a leithid sin.

"Tha mise ag ràdh, ma tha na chaidh a ràdh aig an Rannsachadh ri fhaighinn ann an sgrìobhadh, an déidh dha'n fhianuis sin a bhith air a leughadh gu mionaideach, gur dòcha gun cuir Tighearnan na h-Admiralty iomradh anns na pàipearan mu dheidhinn mar a rinn muinntir na Néibhi cabhag gus cuideachadh le cùisean, agus mi fhìn a' toirt nan òrdugh gu pearsanta, gus an sguir an sluagh a smaoineachadh — agus tha e coltach gu bheil iad ga smaoineachadh — nach do ghabh luchd-ùghdarrais na Néibhi suim dhe'n ghnothaich."

Ach cha b'ann an dé idir a rugadh na h-oifigeirean móra a bha 'nan suidhe ann a Whitehall a' ruith na Néibhi bho'n deascaichean.

Cha do fhreagair iad litir Boyle airson sia seachdainnean. Bha beachd aca gu faodadh connspaid gu leòr éirigh fhathast a thaobh call na h-*Iolaire*; agus le deagh fhaicill, chum iad am beòil dùinte. Cha deach càil a ràdh ri muinntir nam pàipearan-naidheachd mar a bha Boyle ag iarraidh — carson a dheidheadh càil a ràdh riutha gus am fuasgladh iad fhéin ceistean duilich mu dheidhinn a' chall? Ach cha tàinig facal bho Fleet Street, no a àiteachan tòrr mór nas fhaisge air a' Ghaidhealtachd na sin; bha cuspairean troma eile air aire muinntir na *Fourth Estate* aig an àm, saoil nach robh?

Dé bh'ann co-dhiù ach dà cheud duine eile air an call an déidh a' chogaidh a mharbh na muilleanan? Dé bh'ann ach rud a thachair shuas fad air falbh a measg nan daoine suarach a bha còmhnaidh air a' Ghaidhealtachd?

Cha tàinig aon smid a steach bho phàipear-naidheachd chun an Ard-Mharaiche mu dheidhinn call na h-*Iolaire*, agus faodaidh sinn a bhith cinnteach gu robh esan air a dhòigh.

Tha pàipearan-naidheachd beagan nas suimeile na sin againn 'san latha 'n diugh.

Agus chum a' Néibhi am beòil dùinte.

Clann-nighean a Leódhas aig an sgadan

Am Marloch, *a thug air falbh móran dhe'n òigridh*

Ach thàinig ceist a steach thuc a dh'fheumadh iad a fhreagairt air sgàth agus gur e Ceist Pàrlamaid a bh'innte, bho'n Dotair Moireach, Ball Pàrlamaid nan Eilean:

> 26th February 1919
> *Dr Murray — To ask the First Lord of the Admiralty, whether his attention has been called to the finding of the fatal accidents inquiry into the loss of HMY* Iolaire, *in which a strong recommendation is made that proper provision should be made for the safe transit of naval ratings on leave to the Western Isles; whether he intends to act upon this recommendation; and, if so, what steps he proposes to take.*

Is dòcha nach robh a' cheist seo làidir gu leòr; is dòcha gun do ghabh an Dotair Moireach an dòigh cheàrr rithe, le bhith feuchainn ri muinntir na Néibhi a ghlacadh air an aon chuspair a mhàin: "dòigh cheart air seòladairean na Néibhi a ghiùlain gu tèaruinte gu na h-Eileanan an Iar." Gun teagamh, bhitheadh am Moireach mar a bha càch — ri cluiche air *politics* le facail; sin an latha anns an robh iad beò.

Lag no làidir, rinn a' cheist dragh gu leòr do mhuinntir na Néibhi, agus chaidh am pàipear seo gu grunn dheascaichean mus d'fhuair iad *formula* a bha iad a' smaoineachadh a bha sàbhailte dhaibh péin, agus a riaraicheadh an Dotair Moireach. Gun teagamh, bha dùil aca ri tuilleadh cheistean: "Cha bhitheadh e idir do-dhèanta gun deidheadh ceist eile a chur" (bha na *double negatives* a null 's a nall). Ach cha do thachair seo.

80

Dh'éirich fear-eigin an àird 'sa Phàrlamaid air sgàth na Néibhi agus thubhairt e:

"I take this opportunity of expressing the profound regret of the Board of Admiralty at the loss of over 200 gallant lives and of tendering their deepest sympathy to the relatives of the men who were lost in such tragic circumstances.

"A copy of the findings of the jury has been received, and these findings and the recommendations accompanying them, including that referred to by my Hon. Friend, will of course receive the very fullest consideration by the Admiralty. No statement can be made at the present moment except that the very exceptional circumstances under which a large number of naval ratings required to travel to Stornoway on the same day are not likely to be repeated."

Bha seo ri ciallachadh, a réir fear dhe na h-àrd-oifigeirean aig an Ard-Mharaiche: "the circumstances are very special and not likely to recur until *the end of the next war,* if then."

Tha sin fhéin gu leòr . . .

Chuir an t-Ard-Mharaiche páipear air chois agus chaidh na pàipearan air *Case 693* a dhùnadh airson leth-cheud bliadhna.

Seo am facal mu dheireadh aig a' Néibhi air call na h-*Iolaire:*

Gearr-sheanchas na h-Admiralty

An Cuspair: Inntinn an luchd-breith aig an Rannsachadh mu chall na gheat *Iolaire.* An tairgse iomradh a chur anns na pàipearan-naidheachd.

Dh'iarr an Rear Admiral iomradh follaiseach a bhitheadh a' seallltainn gun do chuir muinntir na Néibhi gnothaichean an sàs gun dàil aig àm na tubaist.

Mar a chaidh òrdachadh anns a' ghearr-sheanchas air N.L. 6184, fhuaradh greim air na thàinig a mach aig an Rannsachadh Fhollaiseach, air eagal gun tigheadh tuilleadh cheistean an àird.

Ceist 'sa Phàrlamaid air an t-siathamh latha fichead dhe'n Ghiblean (an Dotair Moireach) a' cur coire a thaobh na bha de dhaoine anns an aon t-soitheach seo, a fhreagair an Admiralty, ag ràdh gu robh an suidheachadh a bh'ann neo-àbhaisteach. A' tionndadh gu na beachdan aig an luchd-breith, bha an treas is an ceathramh is an cóigeamh barail a' bruidhinn mu'n cheangal a bh'aig maraireachd ris a' chall agus tha iad a' toirt cunntais air an dìth a bh'air an uidheam teasairginn a bha air bòrd. Bha an treas comhairle — gum bitheadh goireasan freagarrach, tèaruinte air an toirt do sheòladairean 's do shaighdearan 'nan siubhal — dhe'n aon ghnè, agus 'sann airson sin a chuireadh a' cheist anns a' Phàrlamaid air an do bhruidhinneadh roimhe.

A thaobh an uidheam teasairginn air tìr, 'sann aig a' *Bhoard of Trade* a tha gnothaich ri sin, agus théid an sgrùdadh mu sholus na h-acarsaid a thairgse do Bhòrd nan Tighean-Soluis anns a' Cheann a Tuath.

'S cinnteach gun téid na ceistean sin a chur gu na daoine cearta troimh Oifis na h-Alba.

Théid seallltainn ri cùis na duaise a bu chòir dha'n t-seòladair MacLeòid fhaighinn bho'n *Royal Humane Society* 's bho Urras Charnegie. Chaidh a chur air adhart, am bu chòir oidhirp a dhèanamh a thaobh an seòrsa iomraidh a tha an Rear Admiral an Steòrnabhagh ag iarraidh.

Chan eil càil a dh'fhios nach téid ceist eile a chur ann an Tigh nan Cumantan, agus 'sann fa chomhair sin a fhuaradh greim air na thàinig am follais aig an Rannsachadh Fhollaiseach. Aig an aon àm dh'fhaodadh nach bitheadh e glic dha'n Admiralty a' cheud cheum a ghabhail ann a bhith ag ùrachadh connsachaidh a measg dhaoine, airson solus a chur air cùisean anns nach eil daoine a' cur móran suim a tha'n ceangal ris an tubaist.

Ri innse dha'n Rear Admiral an Steòrnabhagh nach eilear a' smaoineachadh gum bitheadh e gu feum an gnothaich ùrachadh agus, mar sin, nach bi iomradh gha chur anns na pàipearan-naidheachd idir.

*Bha'n cuan a riamh trom air an fheadhainn
a bha gha thadhal; cha robh an siud ach
a' bhuille bu dorra . . .*

Sùil air ais . . .

6 Sùil air ais

Tha cunntas a measg phàipearan na Néibhi a rinn Caiptean Welish, am Fear-stiùiridh airson Maraireachd aig a' Néibhi aig an àm; agus dà chairt-mara, air an robh e sealltainn nan cùrsaichean a bha esan a' dèanamh dheth a ghabh an *Iolaire* 'na siubhal eadar an Caol agus Steòrnabhagh. Seo pairt dhe'n chunntas aig Caiptean Welish:

"Tha e coltach gur ann mar seo a bha cùisean suas gu àm na tubaist seo, ach tha an fhianuis gu math mì-chinnteach agus aig amannan tha cuid dhith a' dol an aghaidh na cuid eile. Dh'fhàg an *Iolaire* an Caol, agus aig a h-astar àbhaisteach, deich mìle-mara, bu chòir dhi bhith air Gob a Tuath Rònaidh a Deas a chur as a déidh mu chóig mionaidean gu deich as t-oidhche. Chaidh cùrsa a dhèanamh an uairsin gu Tuath, dà neogag chun an Ear. Aig leth-uair an déidh mheadhon-oidhche, agus i an Ear-dheas air Ceann Mhileid, dh'atharraicheadh e gu Tuath, agus chumadh aig a sin e gu goirid mus do bhuail i, nuair a chaidh atharrachadh, a réir pàirt dhe'n fhianuis, gu taobh na làimhe clì le bhith dol a steach dha'n bhàigh.

"Bha an oidhche dorch ach bha i soilleir, le gaoth fhionnar bho'n Deas an toiseach; ach an déidh leth-uair an deidh mheadhon-oidhche tha e coltach gu robh oiteagan gaoithe agus smugrach uisge ann, ged nach robh seo a' cur stad air tigh-soluis Arnais a bhith ri fhaicinn bho astar nach bu mhór.

"Tha mi creidsinn gun do ghabhadh an cùrsa a ghabhadh aig leth-uair an déidh mheadhon-oidhche airson a toirt gu meadhon bial a' bhàigh. Ach anns an dusan mìle astair o'n àm sin, tha e coimhead coltach — ma chaidh an cùrsa atharrachadh dìreach mus do bhuail i, mar a chaidh a ràdh ann am pàirt dhe'n fhianuis — gu robh an t-soitheach suidhichte mu shia càbaill chun an Ear. Chan eil sin cus, agus chan eil e a' nochdadh droch mharaireachd."

Ged tha Caiptean Welish ri bruidhinn air an t-soitheach a bhith sia càbaill ro fhada chun an Ear — 'se sin dusan ceud slat — chan eil seo ri fhaicinn idir air a' chairt tha còmhla ris a' chunntas. Cha robh an *Iolaire*, a réir mar a sgrìobh Welish air a' chairt co-dhiù, ach timcheall air aon chàball bho'n chùrsa — 'se sin dà cheud slat. Agus tha e cuideachd ri sealltainn na h-*Iolaire* ri tighinn dìreach gu na Biastan, gun atharrachadh cùrsa idir mus do bhuail i.

'Se mo bheachd fhìn — ach leughaidh sin Caiptean Mac a' Ghobhainn air a' chuspair seo — gu robh Caiptean Welish glé cheart nuair a thubhairt e gu robh an *Iolaire* sia càbaill — 'se sin timcheall air trì-chairteil a mhìle — bho'n chùrsa. Ach chan eil seo ri shealltainn air a' chairt a rinn Caiptean Welish an àird idir.

Chuir fear de bhalaich Leódhais a bh'air bòrd innte umhaill air a' chùrsa a bha i a' gabhail mus robh i càil ach leitheach slighe tarsainn. Bhruidhinn e air solus na Mileid a bhith an deireadh oirre. Ach chan eil

Caiptean Mac a' Ghobhainn ri dol leis a seo — tha e dhe'n bheachd gur e Solus a' Rubha Réidh a chunnaic fear Leódhais.

Agus thubhairt fear eile gu fac e combaist air an deic agus gu robh puing aice gu Tuath a bharrachd air na bu chòir a bhith aice.

Cha chreid mi nach fhaod sinn a bhith cinnteach gu robh an *Iolaire* far a cùrsa co-dhiù, nuair a bha i tighinn faisg air fearann Leódhais. Seo mar tha cunntas Chaiptein Welish ri dùnadh:

"Tha e coimhead coltach gur e a dh'aobhraich an tubaist seo gun do dh'atharraich an Comanndair an cùrsa, nuair a fhuair e e fhéin an Ear air far an robh e ag iarraidh a bhith, airson a dhol seachad faisg air tigh-soluis Arnais; ach air sàilleabh mar a ghabh e fosgladh na h-acarsaid, 'sann a thug an cùrsa seo faisg air Rubha Thuilm e. Bha e na b'fhaide bho sholus Rubha Arnais na bha e'n dùil (bhitheadh buaidh aig an smugraich uisge air an t-soilleireachd), agus an àite fuireach cuidhteas Rubha Thuilm 'sann a bhuail an t-soitheach an sgeir aig Biastan Thuilm."

Chaidh na pàipearan seo a chur air bialaibh Chaiptein Iain Mac a' Ghobhainn, a bha 'na sgiobair air an *Loch Seaforth* airson iomadh bliadhna. Dh'iarr sinn air Iain am bitheadh e cho math agus gun tugadh e dhuinn a bheachdan fhéin air cùrsaichean na h-*Iolaire*, a réir a' bheagan fiosrachaidh a th'againn. Seo mar a thubhairt Caiptean Mac a' Ghobhainn ruinn:

"Nuair a bhitheas mise toirt seachad mo bheachd fhìn, chan eil mi airson smal sam bith a chur air sgiobair agus oifigeirean na h-*Iolaire*; ach is e mo bheachd-sa gun deach an *Iolaire* nuair a shet iad an cùrsa aig ceann Rònaidh a Deas — gu robh iad ceàrr ann a sin anns a' cheud àite. Shet iad an cùrsa, tha sinn ri tuigsinn, Tuath, dà degree an Ear aig ceann Rònaidh, sin 'se loighne bho cheann Rònaidh gu solus Arnais Tuath, seachd degrees an Iar.

"Ma chum iad air a' chùrsa i — Tuath, dà degree an Ear — bho chóig mionaidean gu deich gu leth-uair an déidh dà-reug, chuireadh sin i ann am *position* ochd mìle gu leth Deas, 70 degree an Ear bho solus na Càbaig.

"Tha sinn ri tuigsinn an uairsin gun chuir iad an cùrsa stiùireadh gu Tuath; agus 'se loighne bho'n a' *phosition* sin gu solus Arnais Tuath, 24 an Iar; agus 'se faid na slighe ceithir mìle deug.

"Ma shet iadsan cùrsa Tuath bho'n a' *phosition* sin, tha mi creidsinn gun chum iad air a' chùrsa sin, ri stiùireadh a Tuath, airson seachd mìle gu leth. Bhitheadh iad an uairsin a' call solus Arnais, oir bhitheadh e a' bearadh Tuath, 45 degree an Iar. Tha *obscured section* an uairsin air solus Arnais agus chailleadh iad e; agus tha mi smaoineachadh gur ann an uairsin a dh'atharraich iad an cùrsa chun an Iar, airson solus Arnais fhosgladh a rithist. Bhitheadh an uairsin seachd mìle gu leth eile aca ri dhol mus ruigeadh iad solus Arnais. Agus air dhaibh a bhith stiùireadh Tuath, 45 degree an Iar a dh'ionnsaigh solus Arnais, agus an solus dìreach fosgailte, bhitheadh iad ro dhlùth air talamh Thuilm agus gu h-àraidh Biastan Thuilm a tha'n taobh a muigh dhe'n chladach sin.

Acarsaid Steòrnabhaigh an diugh

Seann tigh

Tighean ùra

"Ach nuair a chaidh an cùrsa atharrachadh aig leth-uair an déidh dà-reug, bu chòir solus Arnais an uairsin a bhith'n ceann air Tuath, 24 degree an Iar. 'Se seo an cùrsa bu chòir dhaibh a bhith'n déidh stiùireadh; agus bu chòir dhaibh an deagh aire chumail dé an taobh a bhitheadh am bàta ri tuiteam — an ann chun an Ear, an ann chun an Iar, a réir an tìde-mhara agus na gaoithe, agus droch stiùireadh cuideachd."

Chan eil Caiptean Mac a' Ghobhainn ri smaoineachadh gu robh na sruthan anns a' Chuan Sgìth agus na gnothaichean sin air an toirt fainear idir leis an oifigeir a bh'air an drochaid (Lieut. Cotter), ach bha e airson innse do dhaoine gur ann a bha e ri bruidhinn mar dhuine aig a bheil èolas air a' Chuan Sgìth agus air sruthan a tha uamhasach ceàrr ann agus glé dhuilich a thuigse do dhuine nach eil èolach — agus mar tha fios againn, cha robh Mason no Cotter eòlach.

'Se fear MacIlleathain a Ceann Loch Chille-Chiarain a bh'aig a' chuibhle eadar dà-reug agus uair agus thubhairt e gun deach an sgiobair sìos aig uair 'sa mhadainn agus e ri fàgail na drochaid aig Cotter, agus cho fada 's a ni sinn a mach cha robh Mason air an drochaid nuair a bhuail i. Gu dé am beachd a bheireadh Mgr. Mac a' Ghobhainn air a leithid seo? A bheil e 'na chleachdadh aig sgiobair drochaid bàta fhàgail agus i tighinn a steach do phort?

"Chan eil càil a chòir aig sgiobair drochaid bàta fhàgail, ged a bhitheadh e oirre gus an tuiteadh e, ma tha iad ann an teagamh sam bith, a réir na tìde, a réir na cùrsa no a réir dé am *position* anns a bheil am bàta."

Agus dé cho fada 's a bheireadh am bàta ri siubhal air a' cheud chùrsa mus do rinn iad an t-atharrachadh mu dheireadh?

"Tha mi smaoineachadh gun tugadh am bàta, nuair a bha i comasach air siubhal deich mìle-mara 'san uair — gur e dà fhichead mionaid 's a dhà a bhitheadh i siubhal gus an cailleadh iad solus Arnais . . ."

Bha seo ri sealltainn gun do chaill iad solus Arnais aig dà mhionaid dheug an déidh uair. "Tha mi smaoineachadh an uairsin gun thionndaidh iad chun an Iar gus am fosgladh iad solus Arnais agus gus an cuireadh iad an ceann e."

Dé cho fada Deas air ceann Phabail 's a bhitheadh an *Iolaire* a réisd mus do thionndaidh i sìos gu Bàgh Steòrnabhaigh?

"Bhitheadh i cóig mìle no cóig mìle gu leth bho Rubha Phabail, nuair a chailleadh i solus Arnais."

A bheil e cinnteach gu faigheadh e solus Arnais a lorg a rithist?

"Is e sin an rud a bhitheas *navigators* ri dèanamh nuair a tha iad ri call solus — tha fios aca gu bheil am bearadh dìreach air a' chairt far a bheil *obscured sectors*, gus an tog iad an solus a rithist.

"Bha iad an uairsin seachd mìle gu leth bho sholus Arnais agus bha sin ri dol a thoirt dà fhichead is dà mhionaid gus an ruigeadh iad solus Arnais, agus tha sin gha toirt ann aig còig mionaidean gu dà uair — agus is e sin *an dearbh àm aig na bhuail i na Biastan.*

"Is e mo bheachd-sa, gur e bu chòir dhaibh a bhith an déidh a dhèanamh an àite cur cho fada chun an Iar 's gu fosgladh iad Arnais a rithist — gum bu chòir dhaibh a bhith an déidh stiùireadh an Iar fhéin agus gu fosgladh iad solus Arnais gu math 's gum bitheadh e rithist air loighne, an ceann air a' bhata, Tuath, cóig degrees an Iar. Dh'fhaodadh iad cumail air a' chùrsa sin a rithist gus am bitheadh bial a' bhàigh fosgailte; 's nuair a bhitheadh sin mar sin dh'fhaodadh iad dèanamh air meadhon a' bhàigh, gus am fosgladh iad soluis a' bhaile, clìor a' Bheacon air *Reef* Arnais."

Thubhairt fear dhe na chaidh a shàbhaladh gur e cheud talamh a chunnaic e Eilean nan Uan. An e seo a' cheud talamh a thogadh i air a' chùrsa seo?

"Aig leth-uair an déidh dà-reug, nuair a theann iad a' stiùireadh gu Tuath, bheireadh an cùrsa bha sin iad gu Rubha Phabail; agus tha sin a' cur làn-dearbhadh air an fhianuis a thug fear dhe na shàbhail aisde gu robh e coimhead solus Arnais tri puingean air a' *phort bow.*"

Agus dé mu dheidhinn a' bhàta-iasgaich a chaidh tarsainn air sròin na h-*Iolaire* agus i eadar Loch Ghrimseadar agus Arnais?

"Tha sin ri ceangal an àird an rud cuideachd: tha sinn ri tuigsinn gu robh bàta Bucach ri 'g iasgach air bancaichean an Ear nan Eileanan Móra. Agus nuair a bha e deiseil a dh'iasgach, ma rinn e air soluis Steòrnabhaigh as a sin, bhitheadh esan ri stiùireadh cuideachd timcheall air Tuath, Tuath an Iar no Tuath, 24 degree an Iar. Ma bha'n *Iolaire* ri stiùireadh Tuath mar a tha iad ri toirt cunntas anns na pàipearan, bhitheadh sin ceart. Chitheadh iad an toiseach i air an *starboard bow* agus dh'fhaodadh i dhol tarsainn orra gus am bitheadh iad a rithist gha coimhead air a' *phort bow.*"

Agus thubhairt am Fear-stiùiridh airson Maraireachd aig a' Néibhi aig an àm, an Caiptean Welish, gu robh an *Iolaire* timcheall air sia càbaill bho a cùrsa, ach nach robh e a' meas gu robh seo ro fhada ceàrr idir. Dé beachd Chaiptein Mac a' Ghobhainn air a seo?

"Bhoill, is e mo bheachd-sa gu robh e ro mhór airson a bhith sàbhailte ri tighinn a steach do bhial bàgh nach eil ach 3.9 — rud beag nas lugha na ceithir cabàill — de leud. Tha esan ri cantainn gu robh i sia càbaill chun an Ear. Tha 608 troigh ann an càball agus saoilidh mise gu bheil sia càbaill a mach taobh sam bith dha bial bàgh nach eil gu léir ceithir cabàill a leud, ro fhada mach; oir cha robh an t-astar a bha iad ri stiùireadh air a' chùrs mu dheireadh ach ceithir mìle deug bho solus Arnais. Tha e ro mhór."

Chual e gu robh e 'na fhasan aig muinntir na Néibhi a bhith ri gabhail suas chun a' Rubha mus tionndaidheadh iad sìos gu Bàgh Steòrnabhaigh?

"Tha mi cuimhneachadh gu robh m'athair ag ìnnse dhomh 'nam bhalach òg, is e fhéin an déigh thighinn as a' Chogadh, gun rinn e turus no dhà anns an *Iolaire* agus e tighinn dhachaidh air leave mus deach i as an rathad — gur e an dòigh air an robh iad a' tighinn a nall, gur ann tarsainn leitheach Minch a bhitheadh iad a' tighinn agus gum bitheadh iad an ìre mhath air a' Bhràighe mus tionndaidheadh am bàta rithist chun an Iar is gu fosgladh iad solus Arnais."

Dh'fhaighnich fear aig a' Chùirt Fhollaiseach do dh'fear de dh'oifigeirean na Néibhi an robh e 'na chleachdadh aig a' Néibhi a bhith dèanamh air a' Chirc agus fhreagair an t-oifigeir nach robh, nach b'e seo òrdugh a bha iad ri faighinn idir. Ach chan e seo a chaidh ìnnse do Chaiptean Mac a' Ghobhainn idir a thaobh dòigh cùrsa na Néibhi ri bhith tighinn a steach do Steòrnabhagh.

Chaidh bruidhinn cuideachd air solus na Mileid — càit am bitheadh seo ri bearadh oirre air a' chùrs air an robh iad?

"Tha fear ri toirt cunntas nuair a bha iad ri dèanamh air solus

Air an àirigh — a' bleoghan

Air an àirigh — a' buain na mònach

Steòrnabhaigh gu robh solus na Mileid a' bearadh air a deireadh. Bhoill, chan eil mise a' gabhail ris an teisteanas sin idir, ach a réir mar a dh'obraich mise mach na cùrsaichean a ghabh an *Iolaire* bho dh'fhàg i solus Rònaidh: nuair a thionndaidh i chun an Iar airson solus Arnais fhosgladh a rithist 'se solus Rubha Réidh a bhitheadh an deireadh oirre. Tha solus na Mileid (air neo solus na Càbaig mar as tric' tha sinn a' cantainn ris) ri dùnadh oirnn nuair a tha sinn ri tighinn dlùth air Steòrnabhagh, 'se sin le bhith siubhal gu Arnais agus a dol seachad air bial Loch na Creige Móire."

Tha na h-uairean agus na cùrsaichean a chuir Caiptean Mac a' Ghobhainn a mach dhuinn ri dearbhadh gur iongantach mur e siud mar a thachair dha'n *Iolaire*. Cha bhi fios againn nas fheàrr a chaoidh . . .

Tha cuspair eile air an robh daoine ri bruidhinn tric bho thachair an tubaist; 'se sin — an robh deoch air cuid dhe na bha air bòrd?

Chaidh a' cheist seo a chur air ceathrar a thàinig beò aisde agus seo mar a fhreagair gach fear:

Aonghas MacAmhlaidh: "Chan fhaca mise duine air an canainn a bha samh deoch dheth."

Alasdair MacLeòid: "Chan fhaca mise càil a choltas deoch air duine air bòrd."

Dòmhnall Moireach: "Chan fhaca sinne càil air na chuir sinn càil a dh'umhaill. Air mo shon fhìn dheth, chan fhaca mi oifigeir idir."

Dòmhnall MacRath: "Chan fhaca mise coltas deoch air duine air bòrd innte. Co-dhiù, chan fhaca mise oifigeir nuair a chaidh mi innte; ach na bh'againn fhìn cha robh rian ac air faighinn deoch is iad glaist anns an trèine. Chan fhaigheadh iad deoch ann, mura bitheadh e 'nam pòcaid."

Chan eil teagamh nach robh botul ann am pòcaid an siud 's an seo; bhitheadh sin nàdurrach gu leòr aig àm Bliadhn' Uire agus daoine ri tighinn dhachaidh. Ged a bhitheadh drama air fear thall 's a bhos — agus chan eil cinnt sam bith gu robh seo fhéin ann — tha e soilleir gu leòr nach e obair na deoch a dh'aobhraich gun deach an *Iolaire* air na creagan; cha bu mhò a b'e a dh'aobhraich an call beatha uamhasach a ghabh àite.

Bha'n cuan a riamh trom air an fheadhainn a bha gha thadhal; cha robh an siud ach a' bhuille bu dorra . . .

call na
h·iolaire

English Synopsis

Two hundred drowned. The lighthouse flashed its light
A bare mile from home and there we lay
Fished from the avid waters of the night.

Iain Crichton Smith

the iolaire disaster

The tragedy of the sinking of the *Iolaire* in the Hebrides on New Year's morning 1919 ranks with the great disasters of the world in its appalling inclusiveness. Within minutes, one hundred and eighty-one men from a small island community were wiped out on the shores they called home. They had survived the World War and they were coming home at last. They had got to within yards of the home harbour entrance when a malignant fate took over the wheel of the smart yacht that carried them. Or was it simply human carelessness?

His Majesty's Armed Yacht *Iolaire*, of 204 tons, became the Admiralty's base ship in Stornoway in October 1918. Her 'civilian' name was *Amalthaea* and she took her service name, *Iolaire* (Gaelic for *Eagle*) from the Naval Base in Stornoway.

Stornoway is the only town in the Western Isles. It stands at the head of a bay on the East coast of the Isle of Lewis. Lewis (with Harris) is the largest of the islands in the group, known as the Hebrides since Roman times.

The men of Lewis have always gone away: to sail or to fish or to fight. In the 1914-18 War, a staggering total of 6,200 Lewismen served in the Armed Forces — from a total population of only 30,000 including men, women and children. Some 600 of them were returned emigrants, fighting with the Canadians, the Australians, New Zealanders and others. About 1400 were in famous Highland Regiments. By November 1918 about 800 Lewismen had fallen, the majority in France. Out of the grand total who served, around fifty per cent — 3,100 — were members of the Royal Naval Reserve.

It was to collect men of the RNR that the *Iolaire* was ordered from Stornoway across the Minch to Kyle of Lochalsh on New Year's Eve, 1918. The English Navymen had gone on Christmas leave to their families. When they returned, some of the islanders were sent home for the New Year, their own traditional holiday. Many had been away for the entire War.

But the War was now over and the women of Lewis got ready to welcome the lucky ones who were coming home for the New Year. In every village on the island, preparations were made in the homes of some of the folk for the return of the sailors. Hundreds were expected. They were to travel from the South of England to Inverness and then West to Kyle of Lochalsh in a special train.

It was quite obvious to the Naval authorities at Stornoway that the regular mail steamer, S.S. *Sheila* of the MacBrayne Shipping Company, could not cope with such a load of extra passengers. Accordingly, the *Iolaire* was sent across the Minch from Stornoway in the morning of December 31st and she arrived at Kyle at 1600 hours. As she came alongside, the yacht struck the quay a violent blow but sustained no apparent damage. The *Sheila* was already berthed at the other side of the pier. The *Iolaire* was short of crew as about half the men were on Christmas leave. She was captained by Cdr. Mason with Lieut. Cotter as his first officer and Sub-Lieut. Rankin as Chief Engineer. In addition, the crew that night numbered 21 other ranks.

In charge of Movements at Kyle of Lochalsh was Lieut. Cdr. C.H. Walsh, who was responsible for the embarkation of the returning Navymen. Early that afternoon, he had been informed that the special train was running in three parts and would be more than two hours late. At 1620 hours Cdr. Walsh received a telegram from Inverness, telling him that 530 libertymen had left for Kyle of Lochalsh on the 11.40 a.m. train.

Cdr. Walsh then instructed Lieut. Hicks to find out what accommodation was likely to be available on board the *Sheila*; afterwards he went down to the railway station (which is next to the pier) to enquire of MacBrayne's representative whether any vessel would be passing through the Kyles that day that could be stopped to embark an 'overflow' of men arriving by train.

Presumably, the answer was in the negative, and Walsh then went out on to the quay, where he spoke to Lieut. Hicks and Cdr. Mason of the *Iolaire.*

Hicks told him that MacBraynes could not say what number of men, if any, they could embark upon the *Sheila*, until they had first ascertained how many civilian passengers required the mailboat that evening. The *Sheila* had already accepted 22 ratings who had been left behind the previous day.

Walsh asked Mason whether, if necessary, he could take 300 men?

"Easily," replied Cdr. Mason.

The two officers had a 'short discussion' on the subject of lifeboats and lifejackets. The *Iolaire* carried only 80 lifejackets and only sufficient lifeboats to take 100 men. Plainly, she was not equipped to carry a large number of passengers. Both officers must have been aware of 'bending' the regulations to suit the exigencies of the moment.

Possibly they were 'covering' for their superiors at the Admiralty, who were about to decant hundreds of men at Kyle of Lochalsh without making sufficient provision for their safe transport home to the islands. The number of men who eventually arrived at Kyle turned out to be more than double the number notified to Rear-Admiral R.F. Boyle, officer in charge at Stornoway.

The first part of the train arrived at 1815 hours and the naval men from it were paraded two deep on the platform. The party for Stornoway (the Lewismen) consisted of 95 files; they were counted on board the *Iolaire*, a double check confirming the figure of 190 men. No names were taken.

The Harrismen were instructed to go to the Red Cross Rest to await passage on Thursday and the Skyemen were told to stand by for passage on H.M. Drifter *Jennie Campbell.* But a number of Harrismen must have 'misheard' their orders — seven were lost in the disaster.

The second part of the train arrived at 1900 hours and the same procedure was followed; the men for Stornoway totalled 130. As they were about to march aboard the *Iolaire*, a messenger from MacBraynes arrived and said the *Sheila* could take 60 men. The 30 files on the right were immediately marched aboard the *Sheila* and the remaining 70 men sent on board the *Iolaire.*

Such are the workings of Fate.

Having ascertained that the train was being run in two and not in three parts as previously advised, and that therefore no more men were to be expected, Cdr. Walsh went down to the quay to the *Iolaire.*

He spoke to Cdr. Mason who told him the glass was rising and that he expected to make a good passage, travelling at 10 knots. Walsh wished him a Happy New Year and a few minutes late the *Iolaire* cast off.

It was 1930 hours. The *Sheila* left Kyle for Stornoway about half an hour later.

So far as can be ascertained from the evidence, at 2155 hours the *Iolaire* cleared the North Point of South Rona and altered course to North 2 degrees East until South East of Milad Head, when she began to steer North. The time was now about 0030 hours.

The night was dark but clear at first, with a fresh Southerly wind, but after 0030 hours there began squalls with drizzling rain.

Stornoway harbour entrance was twelve miles away. It is only 700 yards across and is marked by two lights; lights which are close together to port on the *same* side of the entrance, Arnish Point Light and Arnish Reef Beacon. It appears that the *Iolaire* had never entered the harbour during darkness and neither had her officers.

Waiting in Stornoway Harbour to act as pilot boat to the *Iolaire* was H.M. Drifter *Buading Rose*, under the command of Lieut. W.B. Wenlock. At 0030 hours, the *Budding Rose* proceeded to await the arrival of the *Iolaire.* Lieut. Wenlock takes up the story:

"At about 0155 hours I saw a rocket and proceeded immediately to investigate. I made for what I considered to be the position from where the rockets were being fired and found a ship in distress on the Biastan Holm rocks, but was unable to render any assistance owing to the heavy seas running. I approached to the edge of the breakers but found it impossible to communicate with the ship in any way."

Lieut. Wenlock then returned and reported to Admiral Boyle who sent him out again with orders to stand by.

Others had seen the stranded *Iolaire*, including Captain Cameron of the *Sheila* and James Macdonald, Engineer on board the fishing-boat *Spider*, who said later:

"When sailing past the mouth of Loch Grimshader on our way back to port, a steamer passed us on the starboard side. I did not identify her and thought she was the *Sheila.* We followed immediately in her wake and when approaching Arnish Light I noticed that the vessel did not alter her course but kept straight on in the direction of the Beasts.

"I remarked to one of the crew that the vessel would not clear the headland at Holm as it went too far off its course to make the harbour in safety. Immediately afterwards, we heard loud shouting and then knew the vessel was on the rocks. We were passing the Beacon Light at Arnish at that time and could hear the shouting of the men as we were coming into the harbour.

"The night was very dark and a strong breeze from the South raging and a heavy sea running. We were unable to give any assistance as we could not rely on our engine to operate in such rough seas."

There was very little that a fishing boat or a Naval drifter could have done in the conditions, even had they been able to approach the stricken vessel.

Approaching Stornoway, many of the passengers on board the *Iolaire* were aware of uneasiness; as fishermen, some of them were very familiar with the entrance to their home port and they realised, in spite of the darkness, rain, and wind, that the yacht was taking an unusual course. Later, it would be said in evidence that the Navy had developed its own kind of approach to the town, entailing a run down from off Chicken Head, but this was denied by a Naval man at the Public Inquiry. The 'correct' approach to Stornoway lies in taking a close line around Arnish Light and Arnish Beacon; the *Iolaire* was doing something quite different — probably running down parallel to the coast between the Eye Peninsula and Stornoway.

So the Lewismen on board speculated upon the unusual approach and one said: *"Nach e tha dol faisg leatha!"* Almost as though admiring the seamanship that took the vessel so near to the land.

Rumour has it that a Lewisman went to the bridge and pointed out the error in navigation, but the evidence available gives no concrete proof of this having happened. Naval discipline would have made it a hard thing to do, for a seaman to have queried the actions of a Naval officer. Nevertheless, it is possible that someone did approach the bridge.

Some of the most lucid evidence upon this aspect of the disaster was supplied by one of the survivors who was very familiar with local conditions. He was Seaman John Montgomery, of Ranish, who said:

"As we were coming towards Stornoway, I could see Tiumpan Head Light well on the starboard bow and Arnish Light perhaps three points on the port bow. I also saw Cabag Light when we passed it on our port beam.

"After we came to the land and the ship altered course, I saw a light. She altered course five or ten minutes before she struck. I cannot say exactly how Arnish Light was bearing just before she altered course. I saw *both* Arnish lights before she changed course and they were something like three points on the port bow. After she altered course, the Beacon light at Arnish was right ahead and the Arnish Light would be one point to port.

"I could see the sea breaking on the shore about five minutes before she struck. The land I saw was the land on the East side of Holm Bay. This was about five minutes before she struck and at that time the Arnish Beacon light was right ahead. We had closed down Tiumpan Head Light altogether."

Many of those who survived gave vivid testimony of their experience on board the *Iolaire* that night, both to the secret Naval Inquiry held on January 8th and the Public Inquiry which met at Stornoway in February. The story of Leading Seaman Murdo MacDonald of North Tolsta is typical:

"I was in the saloon the whole way across until the ship struck. She listed heavily to starboard after striking. The door of the saloon being blocked by men rushing to get out, I broke a window on the starboard side and jumped through it overboard, but hung on the gunwale and then climbed back on board.

"I went to the boat deck and got into the starboard whaler. With two or three other men, I was lowered in the whaler, without orders. When the boat reached the water other men jumped into it from the upper deck. I told the men to get out the oars and keep the boat off the ship's side, which they did. Someone on the boat deck shouted to the men in the boat to remain alongside. The boat remained alongside and was smashed against the ship.

"I climbed up the after gripe to the boat deck, went down to the galley, then returned to the boat deck, port side, where there was another boat on the davits. I saw there was no use lowering that boat as it was on the weather side.

"I then came down off the boat deck and went aft to the gun-platform. Then a heavy sea came and lifted the stern of the yacht on to the rocks, where it remained fixed. I saw some men on the shore who shouted to the men on the stern to throw a heaving-line. They tried to do so, but owing to the heavy sea washing over the rocks, the men on the shore were unable to reach the heaving-line when thrown to them.

"Then two other men and myself dropped on to the rocks about twelve feet below the gunwale when the wave receded. One of them had a heaving-line with him.

"The three of us then held the heaving-line and four or five men came ashore by it. After that, a hawser was hauled ashore and about 35 men came ashore by this. The hawser was kept in hand on shore by the men as they landed and was fastened to the ship when she sank.

"There was the report of an explosion and the funnel fell overboard.

"Then the yacht listed heavily to port and sank. I did not see any men come ashore after the ship sank. I saw none of the officers after the ship sank (*struck*), neither did I hear any orders given."

The man who fought his way ashore with the heaving-line was Seaman John F. MacLeod of Port of Ness who had first taken off his boots and flung them on to the land in the darkness. He never found them again. But the line he got ashore enabled those who had succeeded in landing to haul a hawser across and thus save the lives of some 40 men. A similar number landed by other means. Seventy-nine men were safe out of a total of 284 . . .

One of the survivors, Seaman Donald Morrison, also of Ness, clung to a mast all through the night, until rescued at 10 a.m. the following morning by a naval boat under the command of Lieut. Wenlock of the *Budding Rose.*

Nothing could be done from the sea to help the stricken yacht; the lifeboat (which was at least partly a Naval responsibility during the War years) would have been helpless, even had a full crew been mustered in time. And there were 284 on board the *Iolaire*; even in daylight, in easy conditions, it would have taken hours to rescue such a large number of men with the small vessels available. But the *Iolaire* had foundered in the worst possible conditions; caught between the wind and the sea in total darkness on the one hand and on the other, a steep and rocky shore constantly pounded by huge waves.

Only shore-to-ship lifesaving equipment could be of any use, although a very limited one; how long would it take to get 284 men ashore by breeches-buoy and lifelines?

A 'Whip' type lifesaving equipage was held at the Battery depot, only a mile or so away from Holm Point as the crow flies. But lifesaving crews have to be called from their homes and the equipment had in this instance to be hauled by road, using a horse.

At 0320 hours, one hour and twenty-five minutes after the *Iolaire* struck, Divisional Chief Officer F. Boxall of the Coast Guard was called out of bed by a message from Admiral Boyle. The subsequent events were reported by him to Admiral Boyle on January 6th:

"I proceeded to the Battery, arriving there about 3.40 a.m. Chief Officer Barnes (who had been called at 0300 hours) informed me that the horse had not arrived and that he could only get three of the company. I then asked for sufficient men to proceed without horses, the Officer of the Watch giving 19 (Naval) men, leaving with LSA about 3.50 a.m.; the horse followed and picked up the party later.

"Mr Barnes proceeded by road with the LSA. I with one man proceeded along the coast, but owing to the darkness, boisterous weather and rough ground made slow progress and eventually, by the assistance of the man with a light, managed to reach Stoneyfield Farm where there were several survivors, one of whom told me he was the last to leave the ship and that she was totally lost."

Meanwhile, Barnes and the 19 Naval men took the equipment as near to Holm Point as they could and then Barnes went forward with two men:

"I found a lot of wreckage at one point, but could not see any sign of the ship. I also searched along the coast as much as possible for signs of any survivors or bodies but found none. It was very difficult work searching the beach owing to weather; the seas were lashing the cliffs at some places so that it was impossible to get on the beach."

There is no doubt that had the lifesaving equipment been on the spot within *half an hour* at most of the stranding, then many more lives might have been saved. Had the crew been available immediately, then it is just possible they could have arrived at the wreck before the *Iolaire* broke her back and sank at between 0300 and 0330 hours. But the time lost in rounding up the crew and obtaining the horse and then travelling to Holm might well have exceeded the time the *Iolaire* lasted on the Beasts.

But was the livesaving apparatus even slower than it need have been in getting under way?

Lieut. Robert Ainsdale, who was Officer of the Watch at the Battery, said that he chanced to go outside, just after two o'clock, having previously reported a blue light from a vessel wanting a pilot. He saw a red rocket and reported this to the Admiral, who informed him that the pilot boat had gone out and ordered him to get the LSA ready. Ainsdale saw the last red rocket at about 0220 hours; before this time, the Admiral instructed him to contact the Coast Guard and get out the rocket apparatus at once.

Questioned by Mr Fenton at the Public Inquiry, Ainsdale said that he got the message at 0210 hours and sent at once to Mr Barnes of the Coast Guard to get the LSA out. Yet Barnes stated in evidence (and in his earlier report to the Admiral) that he was not called until three. According to Ainsdale, the messenger returned at 0230 hours and said that Barnes was coming at once.

Asked about the delay at the Public Inquiry, Ainsdale said: "The only delay would be when the Chief Coast Guard Officer sent for his men and could not get them. I don't know how long they waited for the horse at the crossroads; but so far as my department is concerned, there was no delay at all."

There is a discrepancy of at least half an hour in the times stated by Ainsdale and Barnes as to the calling out of the LSA. Whether the delay originated with the Admiral's office, the Battery, or the Coast Guard, it is not possible to ascertain now.

The greasy dawn struggled to overcome Lewis's most terrible night and the people gathered to count the cost. Everyone who still remains alive and who was old enough at the time, has his own harrowing story of New Year's Day, 1919. One of the most moving was recorded in 1959 by Fred Macaulay of the B.B.C., for his excellent Gaelic programme on the disaster. The translation of schoolmaster Donald MacPhail's memory of that awful day is worth quoting in its entirety, although no translation can do complete justice to it:

"I was only a young lad at the time — I was seventeen — in the high school in Stornoway and I remember well, New Year's Day . . . A man in the next house, next door to me, he came home across the moor — how he got ashore I do not know — but he was like a man out of his mind. And those in the village who had lost men — the mothers and the wives — they were coming in to ask if he had seen any sight of Donald, or Angus, or John, but he could only look at them and the tears coming down his cheeks; and he had two words, I remember that, he had two words that he said often: 'Good God . . . Good God . . .' as though he had caught on to those words on board and they had followed his mind, and he had no other words.

"It was a very sorrowful business for those who were waiting. As the bard said: *Home awaited them warm, and all was best prepared.* All had been got ready — food and clothing for those who were expected; friendship and warmth, the families at home; then the awful news that they would never come . . .

"I left for Stornoway — I remember it was dawn — with a horse and cart, myself and two other boys, and the father of one of the lads who had been lost, and we went down to the Battery, where the bodies had been laid out for identification. I remember they had tickets on them . . . Leurbost . . . Shawbost . . . Tolsta . . . and the man from Shawbost who went over with us, his son was there and I remember he was so handsome that I would have said he was not dead at all. I remember the colour in his face. I remember that fine yet . . .

"His father went on his knees beside him and he began to take letters from his son's pockets, and there was money, I remember, silver and paper money, in the pocket of the trousers. And the father was reading a letter that he found and the tears were falling from him, splashing on the body of his son. I think it is the most heart-rending sight I have ever seen, and that was only one of many to be seen at the Battery that day — and for days afterwards."

Search and recovery operations at Holm were men's work and soon the horse-drawn lorries were wending their way into town with their sad burdens.

But at least one young woman was on the scene early and she and a friend walked from Stornoway all the way to Holm point, to stand above the wreck. She is Mrs Mary Ann Stewart, Broughty Ferry; here are her words:

"That dreadful Hogmanay, I shall never forget. I was wakened by someone knocking on the door and there was my friend Maxie to tell me that the *Iolaire* was sunk at Holm. It was just daybreak. I got ready and we both went out to South Beach to see what had happened.

"The first thing we saw was a large lorry and a man there told us it was laden with the drowned sailors, all covered with tarpaulins. We decided to go ahead and walked right along to Newton and then to Sandwick. And the lorries kept passing us with the dead . . .

"There was hardly anyone about and the winds had fallen and the rain had stopped. All along the shores we saw the dead washed up and the lorries taking them away to be prepared for burial.

"We continued to walk until we came to Holm and we saw where the *Iolaire* was sunk. There was nothing to be seen but a length of her mast and she was so near to the land. What a tragedy, so near to the harbour and home.

"Afterwards, I developed a severe bout of toothache and had to go to bed for the rest of the day."

Later that day, a certain woman who then lived in Stornoway and whose husband, John MacKinnon, had arrived in Kyle on New Year's Eve, went down to the shore to join those who were searching for their dead. She picked up a Navyman's cap that had floated there and looked at the name stencilled inside it:

JOHN MACKINNON

She went home to mourn the loss of her man. And that afternoon, a telegram came from her husband; he had remained behind in Kyle and was safe.

Many in the islands share the same names.

One the sad task of recovery was well under way, Admiral Boyle contacted the Admiralty in London to ask what action he should take. His telegram of January 3rd reads:

REQUEST INSTRUCTIONS AS TO WHETHER COURT MARTIAL SHOULD BE HELD ON LOSS OF YACHT IOLAIRE.

Plainly, in his own mind, Admiral Boyle was inclined to place the blame for the disaster on the officers of the *Iolaire*. The people of Lewis had no doubt who was responsible for the tragedy; they knew that the Navy was fully culpable.

But the Admiralty turned down the idea of a Court Martial and ordered Admiral Boyle to hold a Court of Inquiry. In any case, none of the officers of the *Iolaire* had survived.

The Town Council of Stornoway held a special meeting on January 3rd and demanded "the strictest investigation into all the circumstances attending the catastrophe and the responsibility attached thereto." This demand for a full investigation barely concealed powerful local suspicions about the fitness of the ship's officers on the night in question. New

Year's Eve in the islands is traditionally a time for celebration, when much whisky is consumed.

The Naval Inquiry opened in Stornoway at 10.00 a.m. on January 8th. The members of the secret court were two naval commanders and a lieutenant. Telegrams were sent to all the Post Offices in the island, ordering all survivors to report for questioning. After preliminary talks with those who reported, a total of 24 witnesses were called, six from the crew of the *Iolaire* and 18 Lewis Navymen.

Evidence was given by a member of the crew about the courses steered from Kyle to Stornoway, as he remembered them (the logbooks and charts were lost in the wreck). At midnight when he came on duty, the course had been North Easterly and at 1230 hours it was changed to North. He had just roused the hands for approaching harbour when the vessel struck. At 0100 hours Cdr. Mason had gone below and Lieut. Cotter had taken over and been in command from then on. No lookout had been on duty along with the First Officer so far as he knew.

The wireless operator survived and he stated that he made no signals at all on the voyage across. When the *Iolaire* struck, he tried to communicate with Stornoway and found the wireless equipment useless, which seems to point to its having been out of order for the entire trip: the *Iolaire* may well have sailed from Kyle with her wireless equipment unserviceable.

The Lewis ratings gave evidence of their observation of lights and of seeing the land to starboard dangerously close before the *Iolaire* struck. They also said they heard no order from any of the officers and that all rescue operations were carried out by the men themselves on their own initiative. The lifeboats were launched by the libertymen and were almost immediately swamped. Many fell into the sea when the vessel heeled over on striking the Beasts. Finally, a line was got to land through mountainous waves and the survivors struggled ashore over the rocks and thence to Stoneyfield farmhouse.

The officers of the court retired to debate their findings.

Whilst the LSA crew were being assembled at the Battery, another officer had been despatched by the Admiral to rouse the lifeboat secretary and to obtain transport for the Surgeon. He was Sub-Lieut. C.W. Murray and he reported his difficulties to the Admiral.

"About 2.45 a.m. I proceeded in accordance with orders and roused the Secretary of the Lifeboat. He was ill and unable to give much assistance but he handed me the key and gave directions to the house of the Coxswain. This I eventually found and returned to get the lamps lit in the lifeboat station. After about 20 minutes, the Secretary, the Coxswain and three soldiers turned up. They informed me that no other men were available to man the lifeboat. I left the Secretary in charge. The time was then about 4.30 a.m.

"At 4.45 a.m., having roused Surgeon Owen, I set out to try and get a car to take First Aid Party out to Holm Point. I first went to a car hirer at No. 1 Pier. I knocked at the door and rang the bell, but could get no answer. I kicked the door, threw stones at the upper windows. Having no success, I tried to force the door but it was too strong."

Murray finally obtained the services of the Post Office car at about 6.30 a.m. It is a sad reflection upon the Naval authorities in Stornoway that they were quite without any kind of motor transport for use in an emergency and were utterly dependent upon car hirers in the town.

The people of Lewis were deeply shocked and bitterly angry at losing so many of their best men within sight of home and in such a brutal and senseless fashion. In their almost unendurable grief, they turned against the Naval authorities, whom they considered entirely responsible for the tragedy. Admiral Boyle became very much aware of local feeling and in an attempt to allay at least the rumours that were rife about the fitness of the *Iolaire's* officers, he ordered the recall of all surviving witnesses who had seen any of the yacht's officers on the night of the disaster. He also sent a coded telegram to Lieut. Cdr. Walsh in Kyle of Lochalsh.

Neither line of inquiry produced any evidence to support the rumours that the officers of the *Iolaire* had been unfit for duty on December 31st. This satisfied the Navy, but did nothing to dispel local conviction — which persists to this day — that those in charge of the yacht had been unfit because of drink.

The findings of the Naval Court of Inquiry were reported to the Admiralty but were not made public. This added to the fury of the local people and it is hard to see why the Admiralty were so obtuse. Only fifteen days after the disaster, their Lordships' insensitivity stretched to the almost incredible extent of attempting to sell the wrecked yacht where she lay, *before 88 of the bodies of the men had been recovered.* The local demand for a Public Inquiry became a clamour.

The Naval Inquiry (which was not made public until 1970) makes unexciting reading:

"There is no evidence to explain how the accident occurred as none of the officers on board, or the helmsman or lookouts who were on deck at the time are among the survivors. No opinion can be given as to whether blame is attributable to anyone in the matter."

The reference to lookouts is curious, as the helmsman from 2400 to 0100 hours survived and insisted that nobody had been on lookout when the vessel struck, apart from Lieut. Cotter on the bridge.

Local bodies now sent a resolution to the Prime Minister and the Lord Advocate for Scotland, referring to the rumours abroad as to the cause of the tragedy and demanding a full, impartial and independent search into every circumstance of the case. Towards the end of January, the Lord Advocate concurred and convened a Public Inquiry in Stornoway for February 10th.

The Public Inquiry was presided over by Sheriff Principal MacKintosh and seven Stornoway men were empanelled as a jury. Mr J.C. Fenton and Mr C.G. MacKenzie conducted the proceedings for the Crown. Mr J.C. Pitman and Mr W.A. Ross appeared on behalf of the Admiralty, who were now anxious to come out of the situation as well as they could in the circumstances. Mr J.N. Anderson, a Stornoway solicitor, appeared on behalf of some of the bereaved families.

Many of the same witnesses were called and much of the same evidence was led as at the Naval Court of Inquiry a month previously. Nothing new was discovered about events on board the *Iolaire* before and during the stranding.

A fresh witness was Captain Cameron, Master of the mail steamer, *Sheila*, who told the Public Inquiry:

"I saw the *Iolaire* in the afternoon a few minutes after she arrived at Kyle of Lochalsh. I saw the result of the accident that occurred when she struck the pier. It is quite possible for such an accident to happen with a thoroughly careful and competent officer, who is not well-acquainted with the tides at that particular spot. I saw the *Iolaire* leave in the evening in good order. In my opinion, she was handled in a thoroughly seaman-like fashion. All the officers and men of the *Iolaire* whom I saw were perfectly sober.

"I think the route followed by the *Iolaire* from Kyle to Stornoway was quite a proper one. Five minutes delay, however, in turning the ship, could quite easily cause her to land on the rocks where she did.

"The only reason I asked men at Kyle to come aboard *Sheila* was to make up the complement of the steamer. I saw absolutely nothing wrong with any person or thing about the *Iolaire*."

Captain Cameron was followed by Lieut. Cdr. Morris, Naval Paymaster at Stornoway. He gave out the cold official statistics of the disaster:

"The total number of men on board *Iolaire* was 284. There are seventy-nine survivors, leaving a balance of 205 missing. One hundred and thirty-eight bodies have so far been recovered and 130 of them have been identified. There are still 67 bodies missing."

As to the dolorous work of recovery of the missing bodies, two stories may be told here. One is of an old man from Uig, who woke the officer of the watch at the Battery some weeks after the disaster and insisted that a boat be sent to a certain place off Holm where he 'knew' they would find the body of his son.

The officer of the watch, a humane man, decided to humour the grief-stricken father and a boat was duly despatched. They took the man from Uig with them and, sure enough, the son's body was picked up where the father had said it would be. This was some six or seven weeks after the tragedy. One prefers seven weeks when telling the story, which is authenticated by a member of the boat's crew.

The other story concerns the skipper of an East Coast boat who was engaged upon this melancholy task. He was seen to land two or three of the drowned men's bodies by means of a sling at Stornoway Harbour. This unceremonious treatment enraged some Lewismen who were on the quay and they threatened the trawler skipper with violence should he repeat the action. Needless to say, a more appropriate form of landing was then adopted.

Both incidents are revealing of the islanders' respect for their dead.

At the close of the Public Inquiry Mr Fenton, for the Crown, said that if the Inquiry had done nothing else, it had certainly shown that there was not the slightest foundation for the rumours that had gone about the country. He was perfectly satisfied that no member of the crew was in the slightest degree affected by liquor.

He had no criticism to make with regard to the navigation of the *Iolaire* up to within a few miles of Arnish Light. But he thought that the Navigating Officer, when he saw another vessel (the fishing boat *Spider*) also obviously making for Stornoway, on a different course to himself, should have slackened speed.

On behalf of the Admiralty, Mr Pitman said they welcomed the Inquiry. The Admiralty, who had held their own inquiry, had not thought fit to find fault of any kind. He submitted to the jury that on the evidence given at the Public Inquiry, they would not be justified in finding fault either.

There was no insinuation against Cdr. Mason. There could be none against such a man. And to say that on account of a mere error of judgement Lieut. Cotter was incompetent, was unfair to his memory.

On behalf of the survivors and some of the bereaved, Mr Anderson said he was glad that many of the rumours had been dispelled. It had been stated in the Press that some of the confusion was due to the Naval ratings not understanding orders given in English.

Mr Anderson stated that this was nonsense, as indeed it was, and went on:

"As a matter of fact, no orders were given."

He submitted there was gross carelessness and mismanagement on board after the vessel struck and also in connection with the LSA apparatus.

Sheriff MacKintosh summed up. He said it was unfortunate that the accident had happened at a season traditionally associated with conviviality. He was glad that some of the lying rumours reflecting on the officers had been effectively dispelled by the evidence.

The jury should be chary of assuming the position of censors and distributing blame. A great many casualities at sea must remain forever enigmas. The evidence of a great many witnesses gave the impression that after the vessel struck there was something lacking in the matter of order, supervision and control. But they must bear in mind that there was evidence from two witnesses that both Lieut. Cotter and Cdr. Mason did give at least one order from the bridge relating to something about boats.

The jury came back with a unanimous verdict. They said the officers in charge did not exercise sufficient prudence; that the vessel did not slow down and that a lookout was not on duty. That the number of boats and lifebelts was insufficient and that *no* orders were given by the officers with a view to saving life. And further, that there was a loss of valuable time between the distress signals and the arrival of the lifesaving apparatus in the vicinity of the wreck.

The jury recommended:

1 That drastic improvements be made immediately for conveying the lifesaving equipment in the case of ships in distress.

2 That the Lighthouse Commissioners consider putting a light up on the Holm side of the harbour.

3 That the Government should in future provide adequate and safe travelling facilities for Naval ratings and soldiers.

The jury said they were satisfied no-one on board was under the influence of intoxicating liquor and that there was no panic on board. They added a rider, recommending to the Carnegie Trust and the Royal Humane society, Seaman John F. MacLeod, for some token of appreciation of his brave conduct in swimming ashore with a line, by means of which many lives were saved.

Seaman MacLeod's bravery was recognised in 1921 by the award of the Carnegie Hero Fund Trust Medal and Certificate, presented by the Trustees "in recognition of heroic endeavour to save human life."

On February 13th, Admiral Boyle wrote to London about the Public Inquiry:

"The jury apparently had little technical knowledge and appeared prejudiced against the Royal Navy generally. No Nautical Assessor was called by the Crown. The jury must have seen by the evidence that the promptest possible action was taken by the Naval authorities, though no mention of this is made in the report which appeared in the Press.

"I submit that their Lordships may think fit to make a statement in the public Press concerning the prompt action taken by the Naval authorities, all orders for which were personally issued by me, to dispel a feeling which the public seems to entertain, that the Naval authorities were inactive."

Their Lordships of the Admiralty chewed this suggestion over for fully six weeks and then told Admiral Boyle:

"Their Lordships do not consider it desirable to re-open this matter and no statement will therefore be published in the Press."

Dr Murray, MP for the Western Isles, put down a question in the House, asking the First Lord of the Admiralty if his attention had been called to the inquiry findings on the loss of the *Iolaire*, in which a strong recommendation had been made that proper provision should be made for the safe transit of Naval ratings on leave to the Western Isles. This innocent-seeming question did not fool their Lordships. It passed over several desks and collected more than one high-ranking opinion:

"The question in its phrasing implies that we have *not* made provision for passage of naval ratings — this need not necessarily be accepted."

"As a matter of fact, the *Iolaire* was sent to Kyle to augment the regular steamer service in view of the number of ratings expected. But more than double the number expected turned up. I don't know whether it would help to mention the fact that the *Iolaire* was sent to augment the regular steamer service. It is two-edged . . ."

"Owing to the Armistice having been concluded, an exceptionally large number of ratings were being given Christmas leave. Owing to Railway conditions, it was necessary to arrange that they should all be given leave on or about the same day. Owing to the War, the local steamers were not running at full service."

"The circumstances are very special, and not likely to recur *until the end of the next war, if then.*"

The very special circumstances were repeated — in reverse — in the summer of 1939. Then, about *3,000* islanders, members of the RNR, were transported safely across the Minch in a few days by the regular steamer service.

But this was in the future. In the House of Commons in February 1919, Dr Murray got his question answered as follows:

"No statement can be made at the present moment, except that the very exceptional circumstances under which a large number of Naval ratings require to travel to Stornoway on the same day, are not likely to be repeated."

This did nothing to soothe the feelings of the Lewis folk. The

111

atmosphere in the island was described by Mr Pitman in his report to the Admiralty after the Public Inquiry:

"The whole Inquiry seemed almost like a criminal trial, with the Admiralty in the dock — and the difficulty that any questions put by me were looked upon as an attempt to shift blame from off official shoulders. I hope that the jury's verdict will now be accepted by the population as being the worst that can be said in regard to the responsibility of the Naval authorities, but I doubt whether it will."

File Number 693, the *Iolaire* Inquiry, was closed by the Admiralty. But so far as the people of Lewis are concerned it will remain open until all the wounds caused by this unspeakable tragedy have healed.

Using all of the meagre and conflicting information that emanated from the two Inquiries, an attempt can now be made to discover what went wrong with the course taken by the *Iolaire*. Captain John Smith who has crossed the Minch hundreds of times in similar conditions to that on New Year's Eve, 1919, has evolved (in connection with a BBC Gaelic programme) a theory of the course taken by the *Iolaire*. Captain Smith was until his recent retirement commander of MacBrayne's vessel *Loch Seaforth*, and travelled nightly between Kyle of Lochalsh and Stornoway.

Captain Smith has reconstructed the *Iolaire's* probable movements, based upon the most likely part of the available evidence and his own experience of the Minch:

"When I give my own estimate of the matter, it is not my desire to cast any aspersions upon the Captain and Officers of *Iolaire*; it is nevertheless my view that the course set at 2155 hours, when off the North Point of South Rona, was wrong in the first place.

"The course set, we understand, was North, two degrees East. But the correct line from the North Point of South Rona to Arnish Light is in fact North, seven degrees West.

"If she held her course from 2155 hours to 0030 hours, this would place her in a position eight and a half miles South, 70 degrees West from Kebbock Light.

"She then altered course to North and we can assume this course would be held for another seven and a half miles until she entered the obscured section of the Arnish Light. *Iolaire* would then lose the Arnish Light (bearing North, 45 degrees West) and it is here, no doubt, that course was altered to the Westward, in order to open out Arnish Light once more. The yacht would then be a distance of seven and a half miles away from Arnish Light; and steering North, 45 degrees West towards the Light, with the Light just open, *Iolaire* would be too close to the land of Holm, particularly the Beasts that jut out from the shore there."

This course differs from that proposed by the Director of Navigation in his report in 1919:

"The course steered from 1230 hours — North — was probably for the centre of the entrance. But in the 12 mile run from that time (if an alteration of course was made just before stranding) it appears to have been set about six cables to the Eastward; which was not a large amount and does not point to careless navigation."

Six cables is about 1,200 yards and Captain Smith's view as to whether this margin of error points to careless navigation is:

"I think it is too high a margin of error for safety when approaching a harbour entrance that is only 3.9 cables across."

Captain Smith adds that the Minch is notorious for cross-currents and tides that could easily confuse someone who was unfamiliar with the area — as indeed, both Cdr. Mason and Lieut. Cotter were.

There is also the evidence of a number of survivors regarding the position of the Arnish Light and Beacon and the sighting of land off to starboard shortly before stranding. More than one Lewis rating spoke of recognising the land as the Holm group of islands. This supports the theory of an approach made from somewhere off Bayble Head and not a more or less direct approach to the entrance as the Director of Navigation appeared to assume.

There is further evidence for Captain Smith's version of the *Iolaire's* final movements — the actual *time* of striking the Beasts of Holm. Assuming a speed of ten knots for the *Iolaire* (which was the speed mentioned by Cdr. Mason before he left Kyle of Lochalsh), we discover that the track worked out for the *Iolaire* by Captain Smith takes her to the Beasts of Holm at exactly 0155 hours, the time generally agreed as the time of striking the rocks.

However, the initial blunder of grossly overloading *Iolaire* in Kyle was primarily responsible for this awful tragedy; a blunder whose effects could not be overcome, once things started to go wrong. There is a history of official contempt for the lives of Highlanders and this was another manifestation of it.

We shall never know for certain what happened to the *Iolaire*. In the words of Sheriff MacKintosh, this dreadful event in the history of the Isle of Lewis will remain forever another enigma of the sea.

navigational appendix

by Alexander Reid

The *'Spider'* Theory plus an examination of two other possible courses steered by *Iolaire* on the fatal journey from Kyle to Stornoway.

Course Steered from Rona (1000 Hours — 40 Miles to Holm)   ref. Chart 1.

In the following analysis Course A *is the official Admiralty view at the Inquiry,* Iolaire *being half a mile off course;* Course B *is Captain Smith's interpretation of an Eastward error of five miles or so, shared also at the Inquiry and by others;* Course C *is a theory of* Iolaire *being off course through overtaking the fishing-boat* Spider.

The chart course from a mile or so East of South Rona Light to Arnish Light is 340° True (North 20° West). Magnetic variation at 1918/19, according to the Geomagnetism unit of the Institute of Geological Studies (Edinburgh) is estimated to have been 18°51'W. at Gareloch. Commander Bradley stated that magnetic variation (at Stornoway?) was 19°40'W. in 1917, decreasing 9' annually, leading to 19°22'W. in 1919.

It can be assumed then that variation was in the order of 19°W. (341° True), and Captain Cameron's evidence of its being 11°22' is not understandable, unless it is a typing error for 19°22'. Captain Smith's statement that the "correct line" to Arnish is North, 7°W., is based on a magnetic variation of 12-13°, which was the case in 1959 (according to charts current). Captain Cameron is therefore quite in order to say that he "steered North (by the compass) all the way across for Stornoway."

Helmsman James MacLean stated, in cross examination, that when he took over at midnight, about two hours from Rona or 20 miles, half-way across, "She was steering North — Easterly — just a touch Easterly." In subsequent analysis this seems to have led to the view that the course (*Course B*) may have been North-East (as in fact suggested at the Inquiry), which is not in any way a logical heading. In my view the typing dash (—) indicates a pause, rather than a link, in the evidence transcription, so that he meant the course was basically North, with a qualifying "Easterly" being further modified by "just a touch." This is confirmed by his subsequent statement that *Iolaire* was making "to the East of North about 2 degrees," which is the course officially held as steered by the Admiralty Minute (*Course A*).

The compass in any steel or iron ship is affected by the influence of her own magnetism which is called 'deviation,' and as Commander Bradley says, consequently "The compass course of all vessels differ." It could well be that *Iolaire* required 2° Easterly deviation applied to steer a course of North magnetic, which would account for this slight difference from the correct heading, which I believe she followed. (*Note:* an angular departure of 2° from a line leads to a difference of roughly 1 mile in 30, or 1.4 miles in 40 miles, e.g. Rona—Arnish.)

Position at 0030 hours (13 Miles to Holm) ref. Chart 2.

Helmsman MacLean stated that "at 12.30 a.m. the course was altered to North," the only alteration while he was on watch and on deck from midnight to 0125 hours, that is, at 10 knots (speed estimate from other evidence), about 20 miles to 5 miles from striking at Holm. He further stated that Arnish Point Light "would be about half-a-point on the port bow, as far as I can recollect," at about 12.30. (*Note:* a compass 'point' is 1⁄32 of the compass rose or $11\frac{1}{4}°$, a usage from sailing-ship days when half-a-point ($5\frac{1}{2}°$) was about the most accurate course-keeping possible. In angular bearing estimates by eye, a 'point' is about a palm's width at arm's length, eight to the quarter-circle $90°$.)

A course change is only made if there is some reason to believe it is necessary, which in navigation is usually after establishing a position estimate or 'fix' which shows that the vessel is off-course. At night, in 1919, this could only be by observing the bearings of light-houses, if land was not visible.

If *Iolaire* was fairly close to her calculated course at 0030 hours she would be about 13 miles short of Arnish Light and 5 miles ESE of Milaid Light (near Kebbock Head); Tiumpan Head Light may also have been visible at about 17 miles distance on the starboard bow (depending on the range of the light in 1919). This would be an ideal position to obtain a good 'fix', with lights well-located at wide bearings from each other; but on the other hand MacLean gave evidence that no bearings were taken.

However, at this point it would certainly be an obvious alteration to correct the vessel's heading directly towards Arnish, when the Light was well visible for correct identification and when Milaid showed she was clear of the Lewis eastern shore (*Courses A/C*), and I can see no other reason for the alteration by the skipper. The fact that she required this slight correction (2° to port) is not unusual when tide, wind and sea could well have pushed her a mile or so to starboard in the 25 miles from Rona.

Captain Smith (*Course B*) maintains that she was then 8½ miles from Kebbock (Milaid), bearing S.70°W. (approximately W.S.W.), which places her 5 miles East of the correct course, heading for Point, but the 2° course alteration makes no sense if Arnish was correctly identified, as the Light would then be about 35° to port. However, *Course B* can be argued for, if Tiumpan Head Light (two flashes every 30 seconds) had been confused for Arnish (one flash at 10 seconds), as Tiumpan could then have been near the vessel's heading, about 12 miles distant, and if Arnish had been similarly confused for Milaid (one flash at 15 seconds), which itself would have been near the limit of its visible range at that estimated position and could have escaped notice.

Course made from 0030 hours to 0125 hours (5 Miles to Holm)   ref. Chart 2.

Helmsman MacLean stated that Arnish Light remained about "half-a-point" on the port bow at 1 a.m. and again, just before calling the hands for anchoring, at 1.25. Half a point, though theoretically 5½° to port, is in visual terms the minimum definition for the equivalent of "just to the left" in my view. He further states that "when on the bridge after leaving the wheel I reported the lights of Stornoway to Lieut. Cotter, who said 'All right,'" that is between 0100 and 0125 hours when *Iolaire* was between 9 and 5 miles from Holm, which would seem to indicate that the town lights were where expected on the vessel's heading (*Course A/C*).

Seaman John Montgomery (passenger), at the Public Inquiry, stated: "As we were coming towards Stornoway, I could see Tiumpan Head Light well on the starboard bow and Arnish Light a little on the port bow — perhaps three points on the port bow. I also saw Kebbock Head Light when we passed it on our port beam." If *Iolaire* was following *Course A/C* she would lose Tiumpan Light about 9 miles short of Holm (0100 hours) when it would be bearing about 37° to starboard (3½ points).

If following *Course B* (Captain Smith), she would lose Arnish Light (obscured by Holm) 35° to port at about the same time (0100 hours), and would then make a large turn to port to open it up again, the skipper having realised his mistake, and Tiumpan would then be directly abeam to starboard and would be obscured shortly after, 5 miles from Holm at 0125 hours. However, following *Course B* on a heading of approximately 290° (True) to keep Arnish open ahead, the lights of Stornoway would be obscured by Holm at all times, as the headland rises to 75 ft. and most of the town in 1919 would be below that, the height of an observer on *Iolaire* bridge being approximately 30 ft. above water-line at the most.

Passenger Norman MacIver stated that he saw a white light two points on the starboard bow about an hour before striking Holm (0050 hours); at that time Tiumpan would have been about 35° (3 points) to starboard on *Course A/C* or about 6° starboard (½ point) on *Course B*; or conceivably this could have been the fishing-boat *Spider*'s stern light ahead.

MacIver also stated he saw land to starboard at about 600 yards — "We were going along the land at the time" (again about an hour before she struck) — for a quarter of an hour to twenty minutes. This to me is the main evidence for *Course B*, the approach by Chicken Head, as it is the only explanation for land at that distance so long before Holm. However, on *Course B*, she would be passing Chicken Head 3½ miles from Holm only at 0130 hours with Bayble maybe visible at 5 miles, 0125 hours.

On *Course C*, Chicken Head would have been 2 miles to starboard at 0135 hours, and it may be that the land or village lights were visible before then, but I feel MacIver's times are not reliable.

Overtaking *Spider*   ref. Chart 3.

James MacDonald, engineer of fishing-boat *Spider*, is reported as saying: "When sailing past the mouth of Loch Grimshader on our way back to port (from the Shiant banks), a steamer passed us on the starboard side — we followed immediately in her wake and when approaching Arnish Point I noticed that the vessel did not alter her course but kept straight on in the direction of the Beasts . . . it went too far off its course to make the harbour in safety."

Seaman John MacInnes (*Iolaire* passenger) stated: "I can only say a word about a light I saw going on the same headway as ourselves. I first saw the light on the starboard bow, just before we came abreast of Grimshader Loch. Shortly after that it was coming broader on the starboard bow, until after we passed Grimshader Loch, it came to the port bow. He crossed our bow from starboard to port. Ten or twelve minutes before the ship struck I saw this craft's green light on our port beam . . . as far to the port side of us as Arnish Point when we struck."

If seaman MacInnes' otherwise unsupported evidence is accepted, this very well made statement can only indicate that *Iolaire* was first overtaking *Spider* to port and altered course to starboard to cross her stern (*Spider* appearing to cross *Iolaire*'s bows) and overtake on the starboard side of *Spider* (*Course C*). "Coming broader" to starboard means that the bearing was increasing, that is, *Spider* was apparently dropping back on *Iolaire*'s starboard bow, and ironically if that was a steady increase *Iolaire* could well have safely overtaken to port.

However, the International Regulations for Prevention of Collision at Sea are quite explicit in these circumstances: "Any vessel overtaking any other shall keep out of the way of the vessel being overtaken," and "when two vessels are crossing so as to involve risk of collision, the vessel which has the other on her own starboard side shall keep out of the way and shall, if the circumstances of the case admit, avoid crossing ahead of the other vessel." *Spider*'s course returning from the main (East) Shiant Bank would place her to the North of *Iolaire*'s course, thus converging from starboard, at possibly half *Iolaire*'s speed, being overtaken say at 5 knots (1 mile in 12 minutes).

We know that they were abreast of each other and abeam of Loch Grimshader at the same time, at about ten minutes before the *Iolaire* struck (i.e. 0145 hours, 2 miles from Holm). If *Iolaire* was previously on course for harbour and the two vessels were converging at about 15° and 5 knots, Lieut. Cotter would only have to alter course about 20° to starboard (approximately 2 points), when a mile or so behind *Spider*, to pass behind her stern (MacInnes states he saw *Spider* first 2 points to starboard). If this alteration was made just after 0125 hours as likely, when helmsman MacLean was sent below, the change of course could have been gentle enough not to have been noticed as such by him or the passengers on deck.

To go from 1½ miles behind to ½ mile ahead of *Spider*, at an overtaking speed of 5 knots, would require 24 minutes and 4 miles, *Iolaire*'s distance from Holm at 0130 hours.

Course made from 0125 hours to stranding 0155 hours
ref. Chart 3, 4.

Seaman Angus MacDonald (passenger) stated that at about twenty to two (0140 hours) he saw Arnish Light 4 points (45°) on the port bow, and confirmed the time by the ship's clock, as well as seeing the town lights just to the right of Arnish.

Seaman John Montgomery (passenger) stated that about five minutes before striking (0150 hours) he saw Arnish Light "broad on the port bow, about 4 to 5 points," just at the time *Iolaire* altered course to port, bringing Arnish right ahead. He came on deck 10 minutes before striking (0145 hours) and from starboard side the first land he saw was the East side of Holm Bay, at 0150 hours. At the Public Inquiry he stated: "After she altered course the Beacon light at Arnish was right ahead and Arnish Light would be one point to port."

Seaman John MacIver (passenger) stated that about 3 minutes before striking land was visible 200 yards to starboard, the harbour lights were not visible, and (3 or 4 minutes) before striking she "slewed" to port towards the beacon light, "about ¾ of a point." Seaman John MacInnes (passenger) stated he saw "land ahead" about a quarter of an hour before striking (i.e. 0140 hours, Holm 2½ miles distant — indicates visibility?)

There is thus a fair agreement of evidence that Arnish was approximately 45° on port bow (MacDonald/Montgomery/others), five or ten minutes before striking, followed immediately by the pronounced course alteration to port to bring the Light ahead, at least five minutes before stranding; followed by a steady course, during which the Holm Bay headlands and island were seen close to starboard, and possibly a last-minute alteration again to port too late to avoid the Beasts.

If *Course B* was directed towards Arnish from close South of Chicken Head, she would have Arnish ahead for at least twenty minutes (from 0135 hours), the town lights would not be visible, and there would have been no further alteration to port in that period.

The Admiralty's theory (*Course A*) is that she was simply off course 6 cables to starboard (0.6 sea miles) and that Lieut. Cotter, coming on watch at 0100 hours, was working off a bearing on Arnish Light close on the port bow. On this reasoning, with Arnish approximately 25° to port, heading North by compass still, he thought he was ½ mile from the Light on the correct line, whereas he was 1½ miles off heading for Holm when he realised his mistake, caused perhaps by rain diffusion. However, Arnish would only come 4 points to port (45°) on this course, if she was about 2½ cables (500 yards) from Holm Island (1½minutes before stranding) and not yet turning. There is no explanation for his failing to reduce speed and call the Captain, standard procedure when within ½ mile of harbour, although he did burn the blue light for a pilot.

Course C (off course and overtaking *Spider*) would require *Iolaire* to alter 20° to starboard, about 25 minutes and 4 miles before stranding (0130 hours), onto approximately a true North heading for 10 to 15 minutes, during which Arnish would come 45° to port (at about 0145 hours) just as she was passing *Spider*, ½ mile or so on the port beam. Lieut. Cotter would then alter the necessary 45° to 50° to port, when he was reasonably ahead of *Spider*, to bring Arnish Beacon close ahead on the port bow, but taking too wide a sweep in keeping clear and setting too close to Holm. Ironically, if the turn had been even later Holm Head would have obscured the light and he might have realised his position and continued turning clear.

Due to his commitment to overtaking *Spider*, made at 0130 hours, he would not reduce speed, and his failure to call the Captain may have been due to his pre-occupation with the immediate navigational problem (as well as MacLean, his spare hand, perhaps not being available). During this manoeuvre he would probably be navigating by eye, without time to refer fully to compass and chart. The relative angles of the Arnish Light and Beacon, approximately 1 cable (200 yards) apart, provide little assistance to assessing the angle of approach, although the town lights' relationship beyond give more guidance to those familiar with the harbour. I presume that the red sector of Arnish Light over the Beasts was not then in existence as it is not mentioned.

It should be noted also that *Iolaire*'s bridge and wheelhouse seem to have been more than half her length, or 100 ft., from her bowsprit, due to her yacht lines — a time-lag of 6 seconds at 10 knots.

Conclusion

To me, *Course C* (the *'Spider'* Theory), putting *Iolaire* off course by overtaking *Spider*, satisfies the conflicting evidence better than the other two theories and seems a more satisfactory and acceptable chain of events towards the disaster.

Course B (Eastward) would require an incompetence or incapacity on the part of all officers and crew in the wheelhouse for the last hour and a half which is difficult to accept. In the prevailing conditions and with lack of experience by Lieut. Cotter, *Course A* (Admiralty) is possible but seems over-simple and an inadequate explanation for that degree of incompetence in a naval officer.

The addition of *Spider* as a third element in the equation, however, transforms a straightforward navigational exercise into a complex problem, involving the mental calculation of relative courses, speeds and position, highly taxing in that night's conditions. That Lieut. Cotter failed to judge the manoeuvre successfully would not then be so surprising, and the basic criticism against him is his lack of judgment or caution in deciding to overtake without referring to his Captain (then, however, only 20-25 minutes off watch). If *Iolaire* had reduced speed to 5 knots when ½ mile behind *Spider* and followed her in, she may perhaps have been delayed by fifteen minutes.

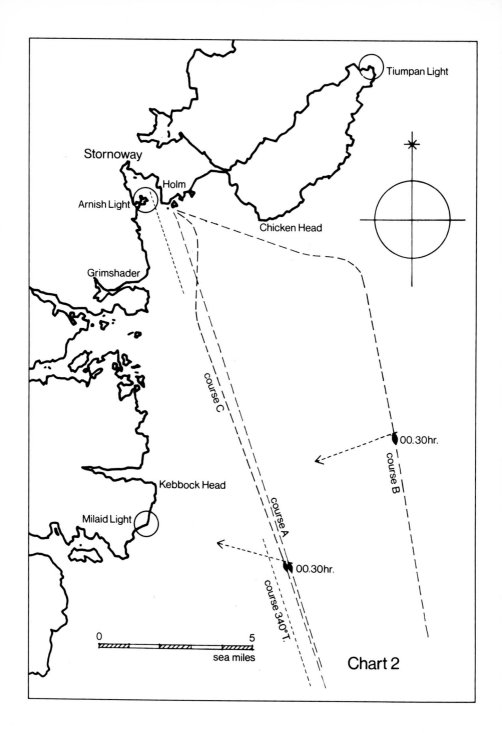

Tiumpan Light

Stornoway

Holm

Arnish Light

Grimshader

Chicken Head

course C

00.30hr.

course B

Kebbock Head

Milaid Light

course A

00.30hr.

course 340°T.

0   5
sea miles

Chart 2

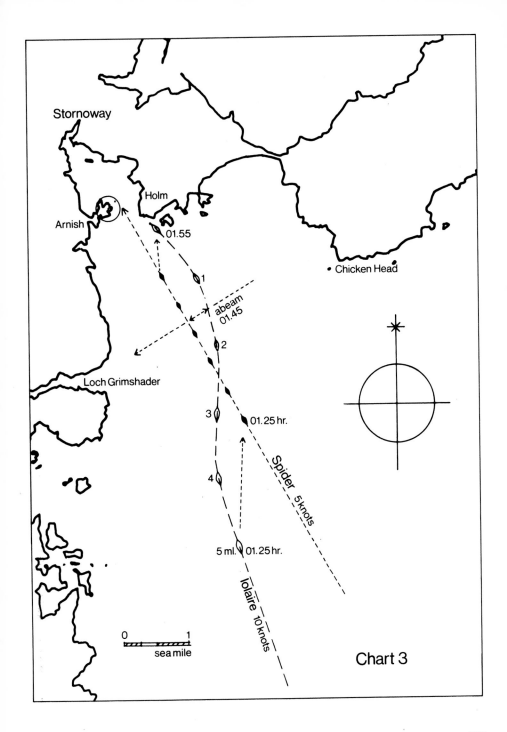

Stornoway

Holm

Arnish

01.55

Chicken Head

1

abeam
01.45

2

Loch Grimshader

3   01.25 hr.

4

Spider 5 knots

5 ml. 01.25 hr.

Iolaire 10 knots

0   1
sea mile

Chart 3

illustrations

The author and publisher would like to thank the following individuals and organisations for permission to reproduce their pictures in this book:

Iolaire mast (*Mrs James MacLean*)
HMY *Iolaire* in war rig (*Imperial War Museum*)
Militiaman and Reservist (*C. Graham*)
Seaforth and Recruiter (*C. Graham*)
Cromwell Street pre-1914 (*A. M. MacDonald ARPS*)
The *Sheila* at Kyle (*Fraser & Longmuir Collection*)
An old sailor (*Mrs J. Campbell*)
Beasts of Holm (*Norman MacKenzie*)
Donald Morrison with John F. MacLeod (*Donald Morrison*)
Bell and plate (*Norman MacKenzie*)
Registration details (*Shipping Office, Cardiff*)
Amalthaea August 1908 (*Beken of Cowes*)
Women in cloaks (*A. M. MacDonald ARPS*)
Lewiswoman (*C. Graham*)
Old man and creel with boy (*A. M. MacDonald ARPS*)
Herring Girls (*Mrs C. MacKenzie*)
SS *Marloch* (*C. Graham*)
Memorial with J. F. MacLeod and J. Murray (*J. M. MacLeod*)
Stornoway Harbour today (*A. M. MacDonald ARPS*)
Cottage (*A. M. MacDonald ARPS*)
Village (*A. M. MacDonald ARPS*)
Sheiling — milking (*A. M. MacDonald ARPS*)
Sheiling — peatcutting (*A. M. MacDonald ARPS*)
Pocket watch (*Mrs W. J. Nicolson*)
Charts by *Alexander Reid*